司法の現場で働きたい！

――弁護士・裁判官・検察官

打越さく良・佐藤倫子編

岩波ジュニア新書　868

はじめに

大人になったら、仕事をして、自立したい。その仕事が、人の役に立つことなら、一層いい。法律家(弁護士、裁判官、検察官)の仕事は間違いなくそのうちの一つです。進路を考え始めている若いみなさんたちに、法律家の仕事の醍醐味《だいごみ》を知ってほしいと思って、本書をまとめました。

法律なんて、自分とは関係ないと誤解している人も多いかもしれません。実は、私たちの暮らしは法律と切っても切り離せないものなのです。例えば、私たちは、赤信号なら止まるとか、売っているものを勝手に取ってはいけない、といったことを、法律の条文を知らなくても分かっていて、守っている。お互い守ることを知っているから安心して車の行き交う道路を歩けるし、お店も営業できます。

何の問題も起きなければ、法律の存在を意識しないで済みます。でも、時には、トラブルに遭うこともあります。例えば……。

A　バイト先で、毎回残業する。「定時に帰りたい」と言ったら、店長に「みんなも頑張っている」と言われた。残業代はもらえない。

B　クラスメイトが「ホモ」といじめられている。先生までも「おまえ、ホモなのか」と笑っている。いたたまれない。

C　お父さんにお母さんが殴《なぐ》られていて、つらい。でも、お父さんとお母さんが離婚したら、学費が払われないのではと心配だ。

D　貧乏で、修学旅行をあきらめた。お父さんとお母さんが生活保護を申請しても、認められなかった。周囲は進学の話をしているが、私は進学をあきらめるしかない。

E　友だちから、お母さんが外国人で、在留資格がなく、自分も在留資格がないと打ち明けられた。在留許可の申請をしたのに、認められなかったとか。友だちは、日本で生まれ育ったのに、酷《ひど》い。

法律家の出番は多々あります。

依頼者の直面した困難を解消するため奮闘するのが弁護士。労働条件の酷いバイト先(A)に残業代請求の交渉をすることもあれば、LGBT(レズビアン、ゲイ、バイセクシュアル、トランスジェンダー）などマイノリティに対する差別やいじめ（B）は許されないと闘いもします。DV（ドメスティック・バイオレンス）で離婚となれば（C）、財産分与《ざいさんぶんよ》や慰謝料、養育費などを請求します。生活保護費の却下決定に不服がある場合（D）、代理人として都道府県知事に審査請求を求めたりもします。

Eはお母さんがタイ人のTさん（高校生）を思い浮かべながら書きました。お母さんは入国管理局に在留特別許可を申請しましたが、お母さんのみならずTさんにも退去強制処分が発令されました。弁護士がTさんの代理人となり取消訴訟を提起しましたが、二〇一六年六月、東京地方裁判所は請求を棄却し、控訴も同年一二月、東京高等裁判所に却下されました。しかし、二〇一七年一二月、在留特別許可が認められました。Tさんがどれだけ日本に定着しているかを代理人の弁護士が主張したことが、入国管理局を結果的に動かしたのでしょう。

そして、いざ裁判所で解決することになった場合、一方の主張だけに肩入れすることなく、証拠に基づいて事実認定をし公平な判断をする裁判官がいなければ、「声の大きい者が勝つ」といったことになりかねない。裁判所は、少数者の人権を擁護する「最後の砦《とりで》」といわれます。国会が多数決原理のもとで少数者の人権を損なう法律を成立させてしまった場合、その法律は違憲で無効だと判断することもあります。裁判官は、憲法と法律にのみ拘束されるだけで、政治的圧力を受けることなく、ただ良心に従って判断するという重要な役割がありま す(憲法七六条三項)。

検察官は、疑われている人が本当に犯人なのか捜査を経て確認し、起訴します。検察官が起訴しなければ、裁判所が判断することもできません。万が一犯人でない人を起訴してしまったら、誤認のみならず、真犯人を裁判にかけられないことになり、被害者側も大きな痛手となります。

このように、法律家は責任が重く、だからこそ、やりがいも大きい。そして、事件は一つひとつ違い、いつも必死に事件ごとに当事者本人と事実に向き合うことになります。事実関係を詳細に検討し法律の解釈とあてはめを考え抜く。マンネリに陥るわけのない仕事です。司法試験を突破するには、率直に言って、多くの時間と労力を要します。でも、それだけの甲斐があったと、この本に文章を寄せたみなさんもその他の多くの法律家も思っています。正義感と共感力のある多くのみなさんに法律家になってほしいと強く願っています。

二〇一八年一月

打越さく良

目 次

裁判官

検察官

弁護士

目　次

本文イラスト＝村山宇希

弁護士

いのちの尊厳を守りたい

寺町東子

てらまち・とうこ

1968年生まれ．91年に中央大学法学部法律学科卒業，司法試験合格．94年東京弁護士会に弁護士登録．2003年社会福祉士登録．18年保育士登録．主に「赤ちゃんの急死を考える会」，一般社団法人子ども安全計画研究所等で保育園・こども園・幼稚園などでの重大事故防止の活動に取り組む．著書に『保育現場の「深刻事故」対応ハンドブック』(共著，ぎょうせい)ほか．

◆弁護士を目指したきっかけ

私が初めて弁護士という存在を知ったのは、一九七三年三月の水俣病・熊本地方裁判所判決の報道でした。テレビが繰り返し映す「勝訴」という垂れ幕を持って裁判所から走り出てくる人。当時、もうじき五歳の私は「この人は患者さんじゃないみたいだけど、何だろう?」と疑問を抱き、父に尋ねた答えが「弁護士」でした。長じて、小学校五、六年生の時、小学校の図書室に届いた新刊の中に、水俣病裁判やイタイイタイ病裁判について紹介した本があったのです。その本に登場する弁護士の姿に、小さい頃に見た「勝訴」の垂れ幕を持って裁判所から走り出てくる人の姿を思い出し、あの場面に至るまでの、虐げられた人々とともに闘う姿に、「かっこいい!」「正義の味方みたいな仕事だ!」と思いました。

◆薬害エイズ事件との出会い

大学を卒業した年の一一月、私は司法試験に最終合格しました。そして大学の先輩にもらったチラシを見て、東京都千代田区の星陵会館に足を運びました。後に「薬害エイズ事件」と呼ばれる、主に血友病患者が使用していた非加熱の輸入血液製剤から、エイズ（後天性免疫不全症候群＝ＡＩＤＳ）の原因ウイルスＨＩＶへの感染が拡がった事件の支援集会でした。

アメリカでは、一九八二年にはエイズは血液を介したウイルス感染症であるとされ、一九八三年三月にウイルスを不活化した加熱血液製剤が認可されました。その後、エイズ感染の危険がある非加熱製剤の在庫が日本で大量に使われ、日本の血友病患者に感染が拡大しました。厚生省（当時）は、一九八五年七月に国内メーカーを含む各メーカーの加熱製剤を一括承認するまで、非加熱製剤によるエイズ感染の危険性をひた隠しにしました。支援集会の終盤、カーテン越しのシルエット姿で、原告たちが口々に、エイズへの差別から、血友病ということすら口にできなくなり、仕事を失ったり、交友関係が狭められている被害の実態を訴えました。

私は集会での報告を聞いていて、「何だ、この事件は⁉」と驚愕しました。当時の日本は、一九八〇年代後半から続くバブル経済に沸き、名実ともに先進国になったという空気が満ちていました。にもかかわらず、製薬企業の儲《もう》けのために、当時は治療法がなく死に至る病気と恐れられていたエイズに感染する危険性が判っている血液製剤が、アメリカで売れなくなった在庫処理として日本で大量に投与され感染が蔓延《まんえん》したということ、それがひた隠しにされていることを知って、いまだ日本が貧しかった昭和三〇年代に、一気に工業化を推し進め高度経済成長の波に乗る中で、水俣病やイタイイタイ病のような公害によって国民が犠牲にされた事件と全く同じ構造じゃないか、と憤りを覚えました。

◈弁護士として薬害エイズ事件に関わる

一九九四年四月、私は弁護士としての第一歩を踏み出しました。薬害エイズ裁判は、既に責任論(被告企業及び国の過失責任)の主張立証は終わり、損害論(原告一人ひとりの被害の実態、損害)の立証を残すのみとなっていました。私たち新人弁護士は、週一回、一〇時から一七時まで、毎週三人の原告本人尋問に立ち会い、供述《きょうじゅつ》内容を書き起こし、翌週の尋問担当弁護士にフィードバックし、マスコミに情報提供しました。原告一人ひとりに、感染前の生活があり、薬害エイズ禍によって踏みにじられた人生がありました。

薬害エイズ事件の裁判自体は、翌一九九五年三月に結審しました。ここからは、真相究明・謝罪・被害救済・再発防止の実現に向けて、判決では得られない解決を図るために、世論や政治に訴えるフェーズ(段階)に入りました。特に、当時、厚生省が薬害エイズをひた隠しにしたため、日本でのエイズ治療の研究開発普及は非常に遅れていました。医療体制の整備をはじめとする「命を救う」対策は、裁判だけでは得られないことは明らかでした。

当時一九歳だった川田龍平君がカミングアウトし、大学生を中心とした若者たちに共感が拡がりました。漫画家の小林よしのり氏やジャーナリストの櫻井よしこ氏など著名人の後押しも得て、七月には厚生省を取り囲む「人間の鎖」に約三五〇〇人が集まりました。同時に、私たち若手弁護士も「ＨＩＶ訴訟を支える会」とともに運動をつくりました。原告とともに、衆・参両院の国会議員全員にロビー活動を行い、与野党各党にキーパーソンとなる支援者を得ました。

一九九五年一〇月六日、東京・大阪の地方裁判所から、国及び製薬企業に一定の法的責任を認める和解勧告書簡が公表されました。これを受けて和解協議が継続し、一九九六年二月に厚生省前の日比谷公園で座り込み行動を実施、菅直人厚生大臣(当時)が国の責任を認め被害者に謝罪をしました。同三月には被告企業本社前での抗議行動、ミドリ十字社長らが謝罪しました。そして、一九九六年三月二九日、被告による謝罪、被害者一人当たり四五〇〇万円の一時金(未提訴者は提訴して裁判上の和解をするという枠組み)、医療体制の整備などを内容とする恒久対策の約束、真相解明及び再発防止の約束を内容とする確認書を締結して和解が成立しました。

この和解確認書を受けて、国との間でいくつもの協議が継続され、一九九七年にエイズ治療・研究開発センターと、全国八ブロックにエイズ診療の拠点病院が整備され、全国の患者さんがエイズ治療を受けられるようになりました。毎年一回の各ブロックでの協議は現在も続いています。また、一九九八年にＨＩＶによる免疫機能障害が身体障害者・障害年金の対象とされ、エイズ発症後の生活不安に手当てしました。一九九九年には、エイズ予防法が廃止されて新しい法律(感染症の予防及び感染症の患者に対する医療に関する法律)が制定、厚生省の玄関前に薬害根絶「誓いの碑」が建立されました。

弁護士としての最初の数年を薬害エイズ訴訟の終盤の弁護団に加わり、ロビー活動、世論形成の運動、恒久対策のための厚生省協議などに関わった経験は、その後の私の仕事のスタイルに大きな影響を与えました。

◆保育施設での子どもの重大事故との出会い

私は、弁護士になって四年目の一九九七年に第一子を出産し、第三子が保育園を卒園するまで、足かけ一八年、保育園に子どもを預けながら仕事を続けてきました。そんな私自身のライフステージの中で、保育施設での重大事故の問題に取り組むようになりました。

初めて保育施設での重大事故に触れたのは、「ちびっこ園池袋西園」事件でした。

生後四カ月のA君。A君の首が座り、お母さんが仕事に復帰しようと思った時、認可保育所は待機児童がいっぱいで、すぐに預けることができた認可外保育施設「ちびっこ園池袋西園」にA君を預けました。二〇〇一年三月一五日、乳児室に一〇台ほど置かれたベビーベッドの一つに、生後四カ月のA君と、生後八カ月のB君が入れられ、二人の間には五〇〜六〇センチ×一〇〇センチのぬいぐるみが置かれていました。保育者は、幼児クラスの子どもたちに翌週の卒園式の練習をさせるためホールにいて、乳児室は赤ちゃんたちだけしかいない状態でした。その間に、B君が寝返りをし、ぬいぐるみを乗り越えて、A君の顔に覆いかぶさり、A君が窒息死しました。ところが、経営者は発見時の状況を知りながら、早々に「乳幼児突然死症候群(SIDS)だろう」と開き直りました。

「ちびっこ園」は、当時、日本全国に六三園を展開しており、「増収三悪」という標語のもと、その第一に入園拒否が挙げられ、本部から抜き打ちで各園に電話があり、「子どもがいっぱいで受け入れられません」などと入園を断る園長にはペナルティが課せられていました。

また、経費目標として人件費比率三一%とされており(一般的な社会福祉法人の認可保育所では七〇%程度)、コンビニよりも安い時給で、一日おきに二四時間勤務が常態化している園もあり、求人にも人が集まらず、慢性的な人手不足の状態にありました。そのような環境の中、「ちびっこ園」では死亡事故が相次ぎ、二〇年間で二一件目の事故がこの池袋西園での事故でした。この二一件の事故の多くが睡眠中にうつぶせ寝で死亡していたのを発見されたものであり、中には池袋西園の事件と同様に一つのベビーベッドに二人の赤ちゃんを入れていて折り重なって窒息死した事故が以前にも起こっていました。そして、「事故対応マニュアル」には、マスコミに対して「状況から判断しますと、病気による死亡と推定され、おそらく乳幼児突然死症候群(SIDS)だと思います」と答えるよう指示されていました。

このような組織的・構造的な背景を持つ死亡事故の多発に、富山県にいた経営者が逮捕され、業務上過失致死罪で禁固一年執行猶予《しっこうゆうよ》三年の有罪判決がなされました。

◆児童福祉法改正による認可外保育施設の届出制

二〇〇一年当時、保育施設は何らの届出をしなくても営業が許されていました。大人が利

保育園の遠足でのスナップ．
5歳児クラスの頃

用する飲食店ですら営業許可対象とされていることと比べても、自分で自分の状況を訴えることができない乳幼児を預かる事業が無届けで営業できることに、とても驚きました。

A君のお母さんと「赤ちゃんの急死を考える会」(保育施設などで子どもを亡くした遺族の会)とともに、厚生労働省やすべての政党・会派の厚生労働委員会所属の国会議員に対して、児童福祉法を改正して、すべての認可外保育施設を行政が把握し、指導監督するように働きかけました。要請行動後の記者会見では、遺族が被害の実態を語り、弁護士が法改正の必要性を語り、マスコミの、特に同じ年頃の子どもを保育所に預けながら働いている女性記者たちが熱心に報道し、同じく子育て世代の国会議員が動いてくれました。

そして二〇〇一年一一月、①認可外保育施設の届出制、②都道府県の指導監督に従わない場合に、閉鎖命令の前段階として、改善勧告、公表、業務停止命令をかけられる仕組みの整備などを盛り込んだ児童福祉法改正がなされました。

◆事故の報告義務・検証制度

長らく厚生労働省は保育施設での死亡事故の実態を把握すらしていませんでした。そこで、二〇〇九年一〇月、「赤ちゃんの急死を考える会」が集めていた一九六二年からの二四〇件の保育施設での死亡事故を分析し、その半数以上が、午睡中のうつぶせ寝によるもので、死亡事故の七割が認可外保育施設での事故であることを公表しました。この報道を持って、再び、「赤ちゃんの急死を考える会」の遺族のみなさんと、国会議員を回りました。政府は保育施設での死亡事故の実態把握を約束し、以後、毎年、保育施設での重大事故集計が公表されるようになりました。

この集計報告により、保育施設での死亡事故の七割以上が睡眠中の事故であることが明らかになりました。しかし、睡眠中の死亡については、うつぶせ寝と突然死の疫学的《えきがくてき》因果関係があることは世界中で明らかになっていましたが、個別のケースについては、「乳幼児突然死症候群(SIDS)」と言えば免責される状況で、誰も何も調べないまま放置されてきました。また、食事中の誤嚥《ごえん》、水遊びでの溺死《できし》などの同種の事故が繰り返されていることも判りました。

そこで、法的責任の有無とは切り離して、何が起こったのか事実を明らかにし、保育のプロセスに改善すべきところがないか検証する制度を求めて、さまざまな働きかけをしました。当時内閣府で「子ども・子育て新システム」を立案していた村木厚子政策統括官に面会し、重大事故を調査・検証し、再発防止のためのフィードバックをする制度を整備することを訴えました。シンポジウム「保育事故を繰り返さないために――再発防止のための調査・検証の制度化に向けて」を開催したり、『保育現場の「深刻事故」対応ハンドブック』(山中龍宏・寺町東子・栗並えみ・掛札逸美共著、ぎょうせい、二〇一四年)を出版して、あるべき事故調査及び再発防止のための検証制度についての試案を提示するなど、検証制度の必要性を粘り強く世間に訴えていきました。

二〇一四年九月、内閣府の子ども・子育て会議のもとに「教育・保育施設等における重大事故の再発防止策に関する検討会」が設置され、その結果、二〇一六年四月から事故直後に遺族が働きかけなくても、行政が保育政策を実施する主体として自ら外部の有識者で構成される検証委員会を設置し、事故を調査し再発防止策を検討する仕組みとして検証制度がスタートしました。これまで保育施設で重大事故が起きても、法的因果関係が立証されなければ放置されてきたことを教訓とし、死亡原因に拘泥《こうでい》することなく、事故に至った保育状況のプロセスに着目し、調査・分析し、再発防止策を提言することにより、類似事故をストップすることにつながることを期待しています。

◆規制緩和との闘い

一方、国の政策は、「待機児童ゼロ」の掛け声のもと、株式会社の認可保育所への参入、短時間保育士比率の上限撤廃、運営費の余剰金を株主への利益配当などに回すことを認め、子ども子育て新制度のもとで、保育士配置基準を緩和した小規模保育、家庭的保育などの認可化、企業主導型保育など、従来の保育所の質を守ってきた「規制」を次々撤廃していきました。

株式会社は利潤追求が目的の法人ですから、国や地方自治体から交付される運営費の積算根拠になった人件費を保育士をはじめとする職員に支払うことの縛りを外し、余剰金を利益配当や内部留保に回すことを認めれば、保育事業のコストの七〇%程度と想定して積算されている人件費が削られて、保育士の待遇が悪化することは当然に予測されました。実際、二〇一六年に毎日新聞が東京都内の民間の認可保育所と小規模保育所一二〇五施設の財務状況を東京都に情報公開請求して調べたところ、株式会社の運営する保育所では、大半を補助金で賄う事業活動収入に対する人件費の割合が平均で四九・二％にとどまりました。五六・六％の一社を除くと軒並み四〇％台です。これに対して社会福祉法人は国の想定並みの六九・二％でした。規制緩和当時に訴えていた懸念は現実化しています。

二〇一六年二月に「保育園落ちた日本死ね」というブログをキッカケに、待機児童問題とそのベースにある保育士不足、その根本原因である保育士の低待遇が大きな社会問題と化し、保育士の待遇改善が検討されています。

私見となりますが、例えば、保育士への分配に関する「規制」を復活させる代わりに、社会福祉法人のみに提供されている独立行政法人福祉医療機構の低利融資を株式会社にも使途限定で提供する、例えば、保育士の定着率を情報公開することを義務づけ、保護者が保育施設を選ぶ際の判断材料にできるようにすることで、保育事業者に保育士の待遇を改善することの動機づけをする、などの改善を望みます。

◇これは弁護士の仕事か

さて、事件を通じて明らかになった事故原因となる事象を改善するために社会に働きかけることは、弁護士の仕事なんだろうか？　という疑問を持たれた方もいるかもしれません。弁護士法一条二項には、「弁護士は、前項の使命（基本的人権を擁護し、社会正義を実現すること）に基き、誠実にその職務を行い、社会秩序の維持及び法律制度の改善に努力しなければならない」とあります。法律制度の改善は、弁護士の職責の一つなのです。

弁護士

「子どものための弁護士」を目指した私の今

山下敏雅

やました・としまさ

1978年，高知県南国市生まれ，千葉市育ち．2003年，東京弁護士会に弁護士登録．川人法律事務所，東京パブリック法律事務所（公設事務所）での勤務を経て，永野・山下法律事務所設立．児童虐待などの子どもの事件のほか，過労死・過労自殺事件，脱北者，セクシュアル・マイノリティ，HIV陽性者，無戸籍者などの支援に取り組む．著書に『どうなってるんだろう？　子どもの法律——一人で悩まないで！』（高文研）など．

◇子どもたちとのかかわり

「親が病気で働けなくなってお金がない。ここ数日ご飯を食べてない」

「彼女を妊娠させちゃって、親から殴《なぐ》られて高校を辞めろと言われている」

「親が裁判所で離婚の話し合いをしているみたいだけど、僕は離れている親のほうと一緒に暮らしたい」

「ずっと親から殴られていて我慢の限界。今日は家には帰りたくない」

「進学したいけど、母親の収入だけだとお金が厳しくて、別れた父親にも学費を払ってもらいたい」

「ネットでチケットを転売しようとしたら入力を間違えて、取り消そうとしたらサイト運営会社からキャンセル料を三〇万円以上も請求されてる」……。


東京都豊島区には、区立の「中高生センタージャンプ」(一八歳未満で、区内に在住または在学する人たちが利用できる施設)が二カ所あります。ここでは、中高生たちが本当に思い思いに過ごしています。卓球台やバンドの練習スタジオはいつも人気で順番待ちです。その他にも、ソファでくつろぎながらマンガを読んでいる子どもたち、カードゲームに熱中しているグループ、ダンスを練習しているグループ、パソコンで動画を見ている子、自習室で試験勉強をしている子、キッチンで軽食をつくっている子など、さまざまです。

そのジャンプで、子どもたちと一緒に卓球をしたり、歌ったり、クッキーをつまみ食いしたりしている三〇代後半の「スタッフ」の私が、まさか弁護士だとは最初は誰も気がつかないようです。そして、私が弁護士だと知ると、社会と自分との関係を模索し始める思春期の子どもたちは、裁判のしくみや実際に私が担当したケースの話などを、興味を持って聞いてきてくれます。

そして、冒頭に挙げたような子どもたち自身の深刻な相談に対応することもあります。子どものちょっとした異変を職員の方がキャッチして、私につなげてくれるのです。子どもたちも、普段出入りしている私の姿を見ているので、相談がしやすいようです。私のアドバイスをもとに子ども自身で動いて解決していくケースもあれば、私が学校、福祉事務所、児童相談所などと連携をとりながら解決していくケースもあります。

どんな出来事があったのかを整理し、どんな選択肢があるかを示し、それぞれの選択肢のプラスとマイナスを一緒に考え、本人の選択を尊重して、時には本人の代わりに家族や関係機関に働きかけていく。そういう弁護士の活動を通して、子どもたちは、自分がひとりぼっちではないこと、自分の人生を自分で選んで生きていくことの大切さを実感してくれます。

私は今、弁護士として、子どもとかかわる仕事を多くしています。

非行をして捕まった子を弁護し、立ち直るよう支援します。

児童相談所という役所のメンバーとして、親の虐待から子どもを守るために動きます。

いじめを受けている子に寄り添って、親や学校と話し合いをします。

虐待などでシェルター(緊急一時避難所)に保護された子どもの自立を、シェルターを出たあとも、何年にもわたって支援します。

中学校や高校に出向いて、いじめ、性、過労死など、いろんなテーマで授業をします。

親がいない子や親の虐待から逃げてきた子の、卒業式や入学式に、親の代わりに出席します。

弁護士会に社会科見学にやってくる小学生たちに、弁護士の仕事について話をします。

児童養護施設に月に一回出かけて、子どもたちとご飯を食べながら施設での暮らしの不満などを聞きます。

子どもにかかわる法律について、中学生や高校生でも読めるブログ記事を、毎月更新しています(「どうなってるんだろう? 子どもの法律」http://ymlaw.txt-nifty.com/)。

そして、冒頭に書いたジャンプの定期訪問は、「豊島区子どもの権利擁護委員」としての活動の一つです。

「弁護士って、ずいぶんいろんなところに出かけるんですね」「そんなことまでするんですね」と驚かれることもしばしばです。

◇小学生の時の本の出会いと大学での弁護士たちとの出会い

私が弁護士になろうと思ったのは、小学生の時でした。

当時、担任との関係がよくなかった私は、毎週末、地元の図書館に通っていました。そしてある日、その図書館で、一〇代の人が書いた一冊を手に取りました。当時問題となっていた、過剰な管理教育についての本でした。その本を通して、子どものために動く弁護士という存在を知り、人権の概念に接して心が震え、そして、おかしいものにおかしいと声を上げることの大切さを学びました。「大人になっても子どもの味方でいたい」、そう強く思ったのです。

今、子どもの頃になりたいと思った職業に就き、やりたいと思っていた活動に取り組むことができています。

しかし私は、将来の目標を早く持ってそれを実現させること自体が重要だとは、思っていません。子どもたちから「将来の夢が持てない」「どんな道に進んだらいいか分からない」という相談を受けることも、多くあります。その時に、私はいつも、次の話をしています。

高校の部活では，コントラバスを弾いていた

私は、大学で社会問題を学ぶゼミに入りました。そのゼミでは、人権問題の第一線で活躍している弁護士の方々から話を聞く機会がたくさんありました。私は必ずその弁護士たちに、「なぜその問題にかかわるようになったのですか」と質問するようにしていまし

た。

多くの弁護士は、「その問題に取り組むようになったきっかけは偶然だった。大学生の時に、生涯、その道で活動しようなんて夢にも考えていなかった」と答えました。「たまたまひどい事実を目の当たりにして、それが大変な問題だと取り組み、のめり込んでいくうちに、いつの間にか専門と呼ばれるようになっていた。重要なのは、最初から自分のレールを敷いて突っ走ることではなく、まずは無心に自分をさまざまな場所に放り込み、そして、「これは大事な問題だ」というものに出会った時に、のめり込める感受性と行動力とを磨くことだ」と。

「子どものための弁護士になりたい」と思い続けて大学に入った自分にとっては、とてもはっとさせられる言葉でした。それが今も私の人生の指針になっています。

◆子どもの事件の他にもさまざまな問題に取り組んでいる

そして私は今、子どもの事件の他にも、さまざまな問題に取り組んでいます。

過労死・過労自殺で亡くなった人の遺族の代理人として、企業や国を相手に裁判で闘っています。毎日朝早くから夜遅くまで仕事に追われ、人間らしい生活を送る時間もなく、ある日突然命を奪われることの理不尽さ。愛する家族を亡くし経済的にも困窮する遺族の苦しみ。それらに接しながら、「今の子どもたちが社会に出て働き始める頃には、この日本の社会から過労死がなくなっているようにしたい」という思いで、取り組んでいます。

北朝鮮から日本へ逃げてきた脱北者の人々の法的支援もしています。北朝鮮では、市民に自由がほとんどなく、政府に反することをすれば強制収容所に入れられます。食べるものがなく餓死《がし》する人も多くいます。文化の全く異なるこの日本に逃げてきて、国籍・在留資格の問題をはじめ、さまざまな事件に巻き込まれます。

HIV(エイズを発症させるウイルス)に感染している人々の法的トラブルにも取り組んでいます。HIV/エイズは、かつては死の病として恐れられ、社会で大きなパニックが起きました。今では医療が進み、きちんと服薬すれば感染していない人と変わらず長く生きられるようになっています。しかし、社会の差別偏見は残ったままで、HIVを持っている人々が多くの生きづらさを抱えて生活しています。

生まれた時に母親が出生届を役所に出せなかったために、戸籍のないまま何十年も生活しなければならなかった人が、たくさんいます。まるで存在していないかのように扱われ、身分を証明することができないので、就職も結婚もできず、人によっては小学校や中学校にすら通えなかったという、人生・生活での困難は、本当に大きなものです。男性から女性に対するDV(ドメスティック・バイオレンス)に、この社会は長年にわたって向き合わずに放置してきました。そのことが、この無戸籍問題の背景にあります。そういう人が戸籍をつくるための裁判手続も引き受けています。

そして、今私が特に力を入れているのは、セクシュアル・マイノリティ(性的少数者)の支援です。最近ではLGBTという言葉をニュースで聞くことも多くなりました。Lはレズビアン(女性同性愛者)、Gはゲイ(男性同性愛者)、Bはバイセクシュアル(両性愛者)、Tはトランスジェンダー(体の性別と心の性別が異なる人。性同一性障害は医学の言葉ですが、最近では性別違和と言います)のことです。

私は弁護士になる直前に、あるゲイカップルの事件に接しました。日本人と外国人の男性同士のカップルでした。男女であれば結婚して夫婦となり、ずっと二人で日本で暮らせますし、片方が亡くなっても財産を相続することができます。しかし、同性では結婚ができません。そのため、外国籍のほうの当事者が在留期限を過ぎてしまい、日本人パートナーが亡くなった後、その財産を相続することができませんでした。その事件に接した二〇〇二年当時、このような性的少数者の問題に取り組める弁護士は、国内に数えるほどしかいませんでした。むしろ、多くの弁護士たちが酒の場で「ホモ」ネタ・「おかま」ネタで笑い合うなど、人権問題だという意識自体、全くなかったのです。

私は、「全国どこででも弁護士がセクシュアル・マイノリティの法律トラブルの相談をきちんと受けられるようにしたい。そして、社会の差別偏見をなくし、生きづらさをなくしていきたい」という思いで、法律家のネットワークをつくり、その輪を広げてきました。仲間の弁護士たちとともに、性同一性障害者の方の事件で最高裁で逆転勝訴決定を勝ち取ったり(女性から男性に性別変更をした人が、子どものお父さんとして認められたケース)、同性婚の法制化を求めて人権救済を日本弁護士連合会(日弁連)に申し立てたりするなど、当事者とともに声を上げることで、社会が少しずつ良い方向へと変わり始めているのを実感しています。

憲法・民法の教授たちと最新の議論を交わしたり、韓国・台湾・アメリカ・フランスなどの弁護士たちと交流したりしながら、今世界が大きく動いているこのセクシュアル・マイノリティの人権問題に、私も一人の弁護士として取り組んでいるところです。

◆人権を守るということ

さまざまな場所で、いろんな人たちと出会い、「これは大事な問題だ」とのめり込んでいったことが、今の弁護士としての自分をつくっています。

二〇〇三年に弁護士登録した時には、過労死や脱北者、ＨＩＶや無戸籍、そしてセクシュアル・マイノリティの問題に取り組んでいる今の自分の姿など、想像できませんでした。同じように、これからの自分が、子どもの事件以外にどのような問題に取り組んでいるかも、想像がつきません。ただ、「これは大事な問題だ」というものに出会った時にのめり込める感受性と行動力は、これからもずっと変わらずに持ち続けていたいと思っています。

そして、それぞれは全く違うように見える社会問題・人権問題にも、必ず共通していることがあるのを実感します。「一人ひとり大切な人間として尊重されること、安心した毎日の暮らしと幸せな人生を送れること」、人間として当たり前に享受できるはずのそのこと――それを法律の世界では「人権」と言います――が、守られずに損なわれているということです。人権を守るのが私たち弁護士の使命だということ(弁護士法一条一項)を常に意識しながら、一つひとつの事件に日々向き合っています。

この本を手にとったあなたは、将来の自分のことを考えている最中だろうと思います。もしあなたが今、やりたいことが具体的に見つかっていないのだとしたら、それは恥ずべきことではなく、むしろ「可能性が開けているんだ」と、自信を持ってください。あなたも私も今は気づいていない問題で苦しんでいる人が、この社会に必ずいるはずです。あなたがその問題に気づき、受けとめ、動くことができる社会人になってほしいと、心から願っています。

私が弁護士になりたいと思ったきっかけは図書館で手に取った本だった、と書きました。もしこの本が、あなたのこれからの人生に少しでもプラスになれば嬉しいな、と思います。

弁護士

すべての働く人のために

嶋崎　量

しまさき・ちから

1975年生まれ．神奈川総合法律事務所所属．日本労働弁護団常任幹事，ブラック企業対策プロジェクト事務局長，ブラック企業被害対策弁護団副事務局長などを務め，主に働く人の権利を守るため活動してきた．近時は，弁護士の立場からブラック企業被害対策やワークルール教育法推進などの活動を行っている．共著に『ブラック企業のない社会へ』(岩波ブックレット)，『ドキュメント　ブラック企業』(ちくま文庫)，『働く人のためのブラック企業被害対策Q&A』(LABO)など．

◇労働弁護士と名乗る重み――すべての働く人のために

初対面の方などに自己紹介をする時には、「私の仕事は労働弁護士です」とお伝えするようにしています。労働弁護士という言葉は、働く人や労働組合(働く人たちでつくる団体)の側で活動している弁護士のことを言います。単に、労働問題に取り組む弁護士とは、少し違う意味で使います(私は会社側の弁護は一切やりません)。

私自身、弁護士の仕事としては、刑事事件、離婚事件、交通事故の事件など、労働事件以外も数多く手がけていますし、どれも大切な仕事だと考えています。でも、「これこそが自分の仕事!」と胸を張って説明できるのは、この労働弁護士の仕事です。

とはいえ、私が「労働弁護士です!」と人前で臆せずに名乗れるようになったのは、実はここ数年のことです。その理由は、軽々しくは名乗れない、私にとってはそれだけ重みのある言葉だったからです。

◆労働弁護士の仕事とは

労働弁護士としての活動で一番想像しやすいのは、労働者の代理人として、裁判で労働者を弁護する場面でしょうか。実際には、法廷の様子がテレビや写真に写されることはないので、「勝訴」と書いた紙を手に、裁判所の入り口から走ってくる弁護士の姿のほうが見慣れているかもしれません。

労働者が裁判で闘う相手は、国だったり大企業だったりといろいろです。どの裁判にも共通して言えるのは、私の依頼者である労働者よりも、相手方のほうが遥かに大きな力(資金力の面でも組織力の面でも権力の面でも)をもっているということです。そんな大きな力をもった相手に対して、勇気を振り絞って立ち向かう労働者のみなさんに寄り添い、一緒に闘っていくのが、労働弁護士の仕事です。

世界に名だたる、もしくは国内でも一流と言われる、大きな力をもった企業が、弱い者いじめのようなことをするなんて信じられない、と思う人もいるかもしれません。しかし企業や経営者には、当然のことながら少しでも利益を上げようとする性質があるのです。そのため、本来ならきちんと支払うべき賃金を支払わなかったり(特に残業代不払いの問題が多いです)、独善的な経営者が、労働者を自分勝手な理由で解雇したりなど、企業・経営者側と労働者との間でトラブルが不可避的に起きています。こういったトラブルから労働者を保護するために、憲法でもきちんと労働者の権利が定められています。また憲法を踏まえてさまざまな労働法(労働基準法や労働契約法など)が定められています。けれどもたとえ法律があっても、実際にはこれを守らない会社が多いのが実情です。

みなさんも、「ブラック企業」という言葉を聞いたことはあるでしょう。労働法を守らず、利益を上げるために労働者の命や健康を平気で犠牲にする会社のことです。それを知らずに入った、特に若い人が被害に遭うケースが後を絶ちません。こういった労働者の相談にのり、彼らの権利を護るために働くのも仕事の一つです。

実は、読者の高校生や大学生のみなさんも労働問題と無縁ではありません。現在、多くの高校生・大学生がアルバイトをしていますが、主に大学生などが「ブラックバイト」(学生であることを尊重しないアルバイト)の被害に遭い、トラブルに巻き込まれるケースが増えています。

例えば、試験期間で休みたいのに認めてもらえず勝手にシフトを入れられる、売れ残りの商品を買わされる、長時間拘束されたのにその分の賃金が支払われない、失敗をすると罵詈《ばり》雑言《ぞうごん》を浴びせられるなどです。

このような「ブラックバイト」の被害は、深刻なものになりますと進級や卒業ができなくなったり、心身に異常をきたしたりといった被害が起きます。またそのような働かされ方が普通だと思ってしまうと、将来の悪い予行演習になりかねず、今後の働き方にも悪影響があります。そのため、学生のみなさんに対して、ブラックバイト・ブラック企業対策などを伝えるワークルール教育にも取り組んでいて、学校への出前授業も積極的に行っています。こういったワークルール教育も、大切な労働弁護士の仕事です。

◆労働弁護士が護るもの――労働者とその家族の生活・労働者のプライド

労働弁護士の仕事でもっとも重要なのは、まずは労働法で保護されているにもかかわらず侵害された労働者(または労働組合)の権利を護ることです。

具体的には、払われなかった給料を支払わせる、解雇されて失った労働者としての地位を回復させる、パワハラやセクハラの被害から当事者を護り、その立場や名誉を回復させるといったことです。さらに過労死(長時間の過重労働などが原因で亡くなること)など、仕事が原因の健康被害について、本人や遺族の代理人として労災を認めさせたり会社に損害賠償を支払わせたりすることです。弁護する内容は多岐に及びます。

どのケースも、何らかの形で「お金」に還元される点は共通しています。しかし労働事件で労働者側が求める「お金」は、単なる「お金」ではありません。人間が生きていくための資金・生活費になっていきます。

例えば解雇されて仕事を失えば、賃金がなくなるわけですから生活はたちいかなくなります。場合によっては住む場所を失うケースもあります。家族がいてもいなくても、お金の問題は切実です。自分一人の生活を維持するのも大変なわけですから、自分の給料で家族の生活費や学費をまかなっていた人が生活を維持するのはもっと大変です。その心労や苦労には想像を絶するものがあります。それぞれの生活を護るためにも、裁判に勝って生活する資金を確保しなければならないのです。裁判に勝つことが、労働者のみならずその家族の生活をも大きく左右するのですから、労働弁護士の責任は重大です。

ですが、弁護士として実際に事件を担当する中で、大切なのは法律で保護された権利(お金を支払わせること)だけではないのだと気がつきました。「お金を支払わせること」は、確かに大切なのだけれど、裁判などで闘っている当事者は、何も生活に必要なお金だけを求めているわけではないことに気がついたのです。

私のところに相談にくる労働者のみなさんは、自分の仕事にプライドや強い責任感をもっていて、自分以外の誰かのために(利用者のため、患者のため、さらには社会をよくするために)、と頑張って仕事に取り組んでいる方たちばかりです。そのプライドや責任感が、不当な解雇や職場でのハラスメント(嫌がらせ)で傷つけられ、踏みにじられた結果、これに対する強い憤りが、裁判に訴えたい動機の根源にあるのです。人としての尊厳を取り戻したい、という強い思いがあるのです。

お金も大事だけれど、何もそれだけを目的にして、自分よりも大きな力をもつ会社などを相手に、怖い思いをして、苦労して裁判を闘おうとはなかなか思わないのです。

◇労働弁護士のやりがい

こんな当事者の気持ちに気がついてから、これまで以上に、労働弁護士という仕事の責任、そして重大さを感じるようになりました。これは、この仕事をしていく上で大きな重圧にもなります。それでも、これまで、私はこの労働弁護士の仕事を辞めたいと思ったことはありません。

一言で言えば、大変だけれど、それだけのやりがいがあるからということになるのでしょう。

事件を依頼してくれる労働者は、性別・国籍・業種も多種多様です。業種も、医師、工場労働者、ＩＴ技術者、研究者、看護師、大学教員、運転手、営業職など、バラエティに富んでいます。実に多様な職種の方がたの事件を担当させてもらいました。仕事の中身は違うけれど、それぞれ自分の仕事にプライドをもっている点では共通していました。

どの分野でもみなさんがプライドをもって仕事をしている。そんな一人ひとりのプライドや責任感を身近に感じながら、その誇りを取り戻すための仕事が一緒にできるのですから、労働弁護士の仕事はある意味エキサイティングともいえ、飽きることはありません。

会社が主張してくる解雇の理由は、たいていの場合「ミスも多いし仕事ができないから解雇だ」（能力不足）など、一見もっともらしいものばかりです。その一つひとつを検討し、職場での労働者の本当の姿を裁判官に理解してもらえるように、そして会社が口に出さない解雇理由は何かを、法廷に描きだしていくために、労働弁護士はその方が情熱を傾けてきた仕事の中身を理解する必要があります。

法律的な分類だと同じ「解雇」の事件であっても、仕事の中身も、労働者の働き方も異なります。毎回、ゼロからスタートして、一人ひとりの労働者の生き様に、真剣に向き合っていかねばなりません。

このように私たち労働弁護士が一つひとつの事件を通じて、いろいろな労働者と向き合う中で、「ブラック企業」や「ブラックバイト」の被害の実態に触れ、この問題に何とか取り組まないといけないと考えるようになりました。そうして問題を表面化させる取り組みを続けた結果、「ブラック企業」や「ブラックバイト」の言葉も含め、現状を広く社会に知らしめる役割を果たすことになりました。

私も「ブラック企業被害対策弁護団」の中心的なメンバーとして、仲間の弁護士たちと一緒に、事件の弁護を担当する以外にも、さまざまな取り組みを進めてきました。例えば、若者にも労働法の知識を伝えるための本を執筆したり、ネットニュースやSNSで労働問題に関する情報発信をしたり、新聞・テレビなどで労働問題に関するコメントをしたりしてきました。

労働弁護士は、具体的な事件とその背景を把握しているので、被害実例を踏まえて、被害救済・再発防止のための具体的な対策を社会に問題提起をしていくことができるからです。

こういった被害の再発防止や新たな被害者をなくすための活動は、大きな組織に属さない在野の弁護士ならではの取り組みです。それだけにやりがいがあります。

◆どうしてこの仕事を目指したのか

中学生の頃から、将来は「社会の役に立つことを仕事にしたい」と考えていたのですが、最終的にたどり着いた結論が弁護士でした。私の親族には法律家はいなかったし、大学生になるまで弁護士と話したこともなく、弁護士は身近な仕事ではありませんでした。ですが、将来は、「自分の仕事が社会の役に立っていると実感がもてる仕事に就きたい」と考える中で、弁護士が弱い立場の人に寄り添って、派手さはないけれど地道に社会を変えていくのに役立つ仕事だと考えたのがきっかけです。

小学校高学年くらいから、新聞やテレビで社会問題を取りあげたもの(ニュース、ドキュメンタリーや政治討論番組など)が大好きでした。そういった番組などで扱っていた公害裁判や冤罪事件などに登場する弁護士の姿などを通じて、漠然と弁護士に憧れを抱いていたのでしょう。

中学生時代．ボンヤリと弁護士になりたいと考えていた

とはいえ、憧れてはいても、すぐに弁護士を目指そうとは思えませんでした。実際に私が弁護士を目指すと決意したのは、大学受験で浪人をしている時です。理由は単純で、弁護士になるために必要な関門であった「司法試験」が難しそうで、自分が合格できるとは思えなかったのです。だから、私が「弁護士になるぞ！」と決意したのは、一大決心でした。

弁護士が取り組んでいる数多くの社会問題の中で、労働問題にめぐり合えたのは、偶然の産物でしたので、幸運だったと思います。

◇もっと女性の労働弁護士が増えてほしい

みなさんは、法律家の仕事は、難しい書類を読み込んでいくようなイメージがあるかもしれません。もちろん、難しい書類を読み込むことも必要なのですが、同時に法律家（特に実務家)は、世の中の変化に対しても敏感でなければなりません。

私が取り組む労働問題の分野は、特にこれが重要になってきます。例えば、現在の日本は、残念なことにまだまだ女性にとって働きやすい社会とは言えません。性別による賃金や昇進などの女性に対する差別は色濃く残っていますし、セクシュアル・ハラスメント(「セクハラ」)、女性の妊娠・出産・育児に関する嫌がらせなどを指すマタニティー・ハラスメント(「マタハラ」)という、恥ずかしい言葉が流行語になるくらい、女性が働きにくい現実があります。こんな社会は、実は、男性にとっても働きづらい社会でもあります(男性の育児休暇取得などに関する嫌がらせを指すパタニティー・ハラスメント(「パタハラ」)なんて言葉もあります)。LGBTなど性的少数者も、職場で差別に晒《さら》されています。

すべての労働者が性別などによっても不当な差別を受けないように、多くの弁護士が取り組んでいますが、現状はまだまだ不十分です。

現在も、女性の労働者のために活動している、素晴らしい女性の労働弁護士がたくさんいます。ですが、その数はまだまだ足りていません。

女性であることを理由に不当な扱いを受けたりセクハラの被害に遭ったりした女性労働者からは、できれば女性弁護士に事件を担当してほしいという要望も多く耳にします。女性労働者の声が職場に反映できれば、女性はもちろん男性にとっても働きやすい職場をつくるのに役立ちます(職場での性別役割分業の解放など)。そのためにも、もっと多くの女性に労働弁護士として活躍してほしいです。

この本の読者にも、一人でも多くの方に法律家を、さらにはその中でも労働弁護士を志してほしいと思います。

◆自分自身の生活との悩み

さて現在、弁護士として活動する上で、自分自身の一番の課題は、家族と過ごす時間をどう確保するかです。私は、会社員の妻と保育園に通う二人の子どもとの四人暮らしですが、私が仕事のために家を空ける時間が多くて、家族と過ごす時間が少なくなるのが悩みの種なのです。子育てだけでなく家事の負担も当然のことながら妻にいっています。これは、何とかしなければならない喫緊《きっきん》の課題です。できるだけ夕飯の時には帰宅して、子どもと食事をして、自宅で夜や早朝に仕事をしようとか、いろいろと試行錯誤している最中です。弁護士は自営業者のため働き方は基本的に自分で自由に決められるので、そういった工夫の余地はあるのです。

　とはいえあれこれ工夫や努力はしているものの、現状ではどうしても平日は帰宅が夜遅くなることが多くて、子どもたちの寝姿しか見られません。そのため、大切にしているのは子どもたち二人を保育園に送る朝の時間です。

　慌ただしく子どもの食事の世話や保育園に行く準備をしながら、いろいろな話をするのが、二人の日々の成長を見守る貴重な時間になっていますし、私の最大の楽しみでもあります。

　二人には、私の仕事について、子どもたちが大好きなアンパンマンを例に、「パパのお仕事は、バイキンマンみたいに弱い者いじめをする悪い会社と闘うことなんだよ。アンパンマンみたいな仕事なんだよ」と話しています。

　子どもたちは、何のことだかよく分かっていないと思いますが、いつか分かってくれたら嬉しいなぁと思って、自分の仕事の話もしています。子どもたちはまだ小さくて、将来どんな仕事に就くのか全く想像がつきませんが、自分の仕事にプライドをもち希望をもって安心して働けるようにと願っています。

　自分自身が人の親となり、私が社会を見る目はずいぶん変わりました。これまで以上に、子どもたちのためにも、もっと日本の社会を労働者に優しい、誰もが希望をもって働ける社会にしたいと考えるようになりました。そのために少しでも貢献できるように、これからも「労働弁護士」として、地道に頑張っていこうと思います。

弁護士

法をツールに女性たちの生き難さを解消し社会も変えたい

打越さく良

うちこし・さくら

1968年，北海道生まれ．東京大学大学院教育学研究科博士課程中途退学．2000年弁護士登録(第二東京弁護士会)．日弁連「両性の平等」委員，都内の児童相談所の非常勤嘱託弁護士，文京区男女平等参画推進会議委員，女子高生サポートセンターColabo監事．著書に『レンアイ基本のキ』(岩波ジュニア新書)，『なぜ妻は突然，離婚を切り出すのか？』(祥伝社新書)，『改訂Q&A　DV事件の実務 相談から保護命令・離婚事件まで』(日本加除出版)，共著に『親権法の比較研究』(日本評論社)，『私にとっての憲法』(岩波書店)など．

◆長いモラトリアム

弱者のために、差別に苦しむ人のために、何かがしたい。

そう思ったのはいつ頃からだろうか、思い出せない。小学校に掲示されたボートピープル(紛争地帯から小船に乗って逃げ出した人々)の写真や、アフリカの餓死《がし》寸前のような骨と皮だけの幼い子どもの写真を、ショックを受けながら正視した時だったかもしれない。大学受験のため、猛烈に勉強していた時には既に、「こんなに勉強しているのは、いつか将来人のお役に立つ仕事につくためだ」と張りきっていたように思う。我ながら、熱い。そんなに勉強しなくても、と今なら自分でもツッコめる。しかし、当時はその思いを胸に勉強に邁進《まいしん》していた。

勉強ばっかりの暗黒な中高生時代を過ごさなくてはならないのか……と心配になるだろうか。いやいやそんなことはない。元気で毒舌な友だちとファストフード店でだらだら何時間もおしゃべりした女子高生時代はセピア色のはるかかなただが、愛おしい日々だ。漫画もたくさん読んだし、学校の行事も楽しんだし、毎日生き生き過ごした。

私は決して要領が良くなかった。猛勉強して東大に入ったが、そこでなんと不本意ながら長い長いモラトリアムに突入した。二年間の前期課程を終える頃には「国連で働きたい」と思い、教養学科というところに進学(何となく国際的なにおいがしたからくらいの安直さ。すみません、若気の至り)。なぜ国連かといえば、小学校の時に写真を見ては涙した私は、紛争や貧困の犠牲になる女子ども、弱者のために働きたい、と拳を握りしめて考えた。多分そんな仕事は国連にあるのだろう、といったノリ。

仲良し三姉妹(左端，筆者)で，クリスマスの日に．モラトリアムに入りつつあった頃

しかし、私は、「国際的に活躍する」というキャラではない、違うのではないか。そして、遠い国々ばかりでなく、自分が暮らす日本にも困っている人たちがいることに気づき始めた(遅いっ)。ここで、もっと「女子ども等弱者のリアル」に役立つような学びはないかと考え始め、学部卒業後教育学部に学士入学した。そこを卒業すると修士課程へ進み、さらに博士課程へと進学した。しかしここでまたつまずいた。先行論文を読み、自分の問題意識を研ぎ

澄まし、考察を深め、論文にまとめる。大学院までいったら、周囲には知の探究それ自体が面白くてならないという人々ばかり。当然だ。そのためにこの道に突き進んでいるのだから。しかし、私がしたいこととは違うような気がした。こういうことじゃない……！　博士課程まで行った挙げ句、そんな思いに取りつかれた。

そんな時、私を国の外から内側へと目を向けさせてくれた出来事を思い出した。それは、ある女性団体の集まりで、強姦《ごうかん》された女性の事件を担当する角田由紀子弁護士の話を聴いて感銘を受けたことだった。私も、理不尽な仕打ちを受けた人々に寄り添い、具体的にその直面する問題の解決に役立ちたい、とくに性差別を受けた女性に寄り添いたい。一生は一度きりしかない(多分)。そのために弁護士になろう。そう決心し、にわかに司法試験の受験勉強を始めた。私の猛勉強史上(?)でも、この時が一番勉強したと思う。二〇代後半、博士課程までいって研究者の道からいきなり軌道修正、これで合格できなかったら後がない。司法試験の予備校に通う二〇歳前後の人たちにはない、お尻に火がついた(いやボーボーと燃え盛っていた)切迫感があった。努力のかいあって、無事合格でき、今、天職と思える弁護士として働いている。

私は幸運だったことに自分が親になってみて気がついた。仮に子どもが二〇代後半で博士課程まで行った挙げ句、突如「弁護士になりたい」と言い出したら、私の両親のように、応援できるだろうか、と思う。おかしな思いつきを言わないで、とっとと研究しなさい、と言ってしまいそうだ。呆れるどころか、「向いていると思う」と応援してくれた両親にはいくら感謝しても感謝しきれない。

モラトリアムとくくったが、国連を目指した学部時代も鬱々《うつうつ》悩んでいた大学院時代も、決して無駄ではなかったと今は思う。その時読み込んだ教育学のさまざまな文献や私なりに考えたことも、私の根っこになっている。少年事件や面会交流事件(同居していない親が子どもと会うことを求める事件)、虐待を受けた子どもの事件などに取り組む時、その頃学んだことが、気づきのきっかけになるのだ。自分が情けなくてしょうがなくて、鬱々したり、いじけたりしたことすら、役に立つ。誰もが冷静に合理的に考えて行動できるなら、弁護士なんていらない。被害妄想《ひがいもうそう》にとりつかれたりして変な行動を取ってしまうのが、人間というもの。挫折した経験があると、困難にぶち当たり落胆したり混乱したりしている人の気持ちになってみることができる。もちろんつらい経験なんかないほうがいいし、経験がなくても想像力があれば、共感することもできるけれど。

◇DV被害者と子どものために

お母さんをお父さんが殴《なぐ》ったり蹴ったりする。多分、私に気をつかってはいるのだろう。私がふとんに入った後にお父さんがお母さんをしつこく責め始め、お母さんが言い返すとお父さんのどなり声が一層大きくなる。耳をふさいでも、聞こえる。そして、鈍い音とともに聞こえるお母さんの悲鳴。何が起きているのか分かるから、私だって生きた心地がしない。翌日、お母さんの顔や腕にあざができていた。お父さんにおはようって声をかける気もしない。そしたら、「お前までオレをばかにするのか!」と肩をつかまれ思い切り揺さぶられた。まだイライラしているみたい。大きな音をたててドアを閉めて出ていった。もう本当に嫌だ。でも、パートで働くお母さんは、「私ひとりではあなたを養えないから」と我慢している。夜も眠れず食欲もないみたいで、ふらふらしていて心配だ。私自身も眠れない。私がいるからお母さんは出ていけないのか。生まれてこなければよかったとこの頃思う。

あなたと同じ年頃で、こんな思いをしている子どもがいる。あるいは、あなた自身がこんなふうに悩んでいるかもしれない。

「配偶者や恋人など親密な関係にある、またはあった者から振るわれる暴力」をドメスティック・バイオレンス（DV）という。私は、DV被害者からの相談をたくさん受けてきた。こんなつらい思いをした子どもが少なくないという実感がある。

愛し合って結婚したはずなのに、どうして暴力を振るったり振るわれたりするのだろう。夫が被害者になることもあるが、国際的にも、DVはセクシュアル・ハラスメントや人身売買など「女性に対する暴力」の一形態として可視化されてきた。諸々の実態調査からしても、今なお、男性より女性が被害者になることが多い。一組のカップルで起こっている暴力は、個人的なことではあるが、社会的・歴史的背景もある。

国連総会が一九九三年に全会一致で採択した「女性に対する暴力の撤廃に関する宣言」の前文には、「女性に対する暴力は、男女間の歴史的に不平等な力関係の現れであり、これが男性の女性に対する支配及び差別並びに女性の十分な地位向上の妨害につながってきたこと、及び女性に対する暴力は女性を男性に比べ従属的な地位に強いる重要な社会的機構の一つである」（仮訳、男女共同参画局男女共同参画室。http://www.gender.go.jp/kaigi/senmon/cyukan/sankou-5.html）とある。

かた苦しい文章だとピンとこないだろうか。数々のＤＶ被害者の依頼を受けてきた私には、現状とその背景をリアルに捉えた文章に思える。例えば女性差別の背景に、男女間の賃金格差がある。女性が専ら家事育児・介護を担うという性別役割分業も、女性がフルタイムで仕事をするのを難しくさせがちだ。すると、経済的に夫に従属せざるを得なくなる。そうなると、夫から「誰のおかげで飯《めし》を食っていると思っているんだ」と罵《のの》られたり、殴られたり蹴られたりしても、我慢してしまう。そのうちに、どんどん暴力がエスカレートし、被害が重くなっていく。内閣府の「男女間における暴力に関する調査（平成二六年度調査）」によれば、夫から暴力を振るわれた経験のある女性が「別れたい（別れよう）と思ったが、別れなかった」理由の第一位は、「子どもがいるから、子どものことを考えたから」（六五・八％）だが、その次が「経済的な不安があったから」（四四・七％）である。「女は受動的に耐えるもの、男は腕力が強く強引なもの」という固定観念が根強いことなども、個々の夫婦のＤＶの要因になっていると思えてならない。

私のような弁護士のもとに相談に来る被害者たちにはまだ、経済的な不安を抱えながらも、このまま結婚生活を続けていったらもっと酷《ひど》いことになる、離婚できないか、と考えて行動する力が残っている。行動する自信や気力も喪《うしな》った被害者たちもいるはずだと思うと切ない。

私は一弁護士として、ＤＶに苦しむ女性たちの現状を解決する魔法の杖《つえ》を持ってはいないが、個別の事件の解決に努めながら、良い方向へ変えていけたらと思っている。弁護士として、どういうことに役に立てるか？　を常に考えている。

例えば、夫と別居して離婚したい、でも別居先に押しかけられて暴力を振るわれたら怖いという依頼者のために、加害者に依頼者に接近するなといった保護命令を裁判所に命じてもらうべく、申立てをする。依頼者の身の安全を図るため、迅速に発令してもらう必要があるが、保護命令の申立てを受けた裁判所は過去の暴力の事実などの要件が認められるか、綿密に証拠を確認する。依頼者は着の身着のまま逃げてきた上、ショックも大きく精神的にも不安定になっていたりもし、周到に証拠となる資料を準備しているわけもない。弁護士はそんな依頼者から話を聴き出し、暴力の日時や態様を確定し、その裏付けとなる証拠を、迅速にかつ確実に準備する必要がある。安全のため避難先を加害者に知られたくない被害者については、保護命令に限らず、証拠として準備した診断書などに避難先の手がかり（病院名、医師名など）が記載されている場合があり、その記載部分をマジックで消すなどマスキングをする必要がある。神経を使うところである。

また、家庭という密室では暴力を振るっても、第三者には常識的な振る舞いをする加害者もいるが、中にはそうではない人もいる。時には、今まで自分の思い通りになった被害者が離婚を言い出すなんて、こいつが焚《た》きつけたに違いない！と被害者の代理人弁護士に敵意と復讐《ふくしゅう》感情を抱いてしまう人もいる。私自身、電話で怒鳴りつけられるのはまだいいとして（愉快ではないが）、裁判所内で加害者から罵声を浴び追いかけられたこともある。加害者である相手方からネット上であることないこと、悪口を書かれたりもする。それをどう切り抜けるか。弁護士だからといってウルトラCがあるわけではない。約束なしの訪問者は事務所に通さないようにするとか、裁判所に警備を要請するといったことをする。ネット上の攻撃には、名誉毀損《めいよきそん》として損害賠償請求などの手段もあるが、忙しい毎日、エゴサーチ（自分の名前を検索して評価を確認すること）はしないでおく、多少の悪口は気にしないなどの「スルー力《りょく》」で切り抜けることもある。

さて、保護命令の申立てのほか、離婚、親権、養育費、慰謝料、財産分与《ざいさんぶんよ》などさまざまなことについて取り決めができるよう、代理人として交渉をすることもある。離婚について協議での解決が難しければ、調停を申し立て、それでも解決しなければ、訴訟を提起し、和解したり、判決を得たりする。離婚したい側だけでなく、離婚したくない側の代理人となる場合もある。いずれにせよ、依頼者や関係者から話を聴き取り、裏付ける証拠を確認し、主張をまとめ、相手方の主張や証拠を確認し、反論する、といった作業をこつこつ進める。和解ができず判決を得る場合、尋問が実施される。そのためにもう一度証拠や主張書面をおさらいし、依頼者にはこちらの主張の更なる裏付けを得られるように入念に予行演習を重ね、相手方への反対尋問でどこを衝くべきか準備する。

映画やテレビドラマでよく見る法廷での姿とは違う、淡々としたペーパーワークを想像できるだろうか。そうなのだ、代理人は地味で地道な仕事を丁寧《ていねい》にする必要がある。ただし、相手にするのは生身の人間。「貸した金が踏み倒された」といった赤の他人同士のトラブルでも、人は傷ついている。しかし、とくに、一時は親密な関係だったはずの夫婦が離婚で相争う時の痛みや傷つきは深いように思う。弁護士は精神科医でもカウンセラーでもなく、心の痛みそれ自体をケアすることはできないが、傷つき混乱した気持ちへの配慮を忘れないで対応する。でも、もちろん、全部受容すればいいものではない。例えば、「悔しいから、相手を社会的地位から引きずりおろしたい。勤め先に押しかけてあったことを上司に全部話してやりたい」といった無茶な復讐感情は、正当化されないものだから、「お気持ちは分かるが、すべきでない」と諭す必要はある。

そして、当事者間に子どもがいる場合もある。父、母とも子どもの思いを汲む余裕を喪っていることもあるが、子どもは父母の離婚紛争に影響を受ける上、その過程で傷ついてもいる。そして、父母が夫婦であることをやめても、親権者でない親と子どもの親子関係は続く。もう一人の当事者ともいえる子どものためにもどのような解決がベターか、依頼者とともに長期的な視野に立って相談をしていく。私は、小学校高学年以上の子どもとは、直接会ってみたりもする。なるべく中立的に、お父さんとお母さんが今どんな手続中か(調停、裁判など)、何を争っているか(親権、面会交流など)を説明する。そして、今学校でどんなことをしているかなどを聞き、ほぐれてきたら、別居中の一方の親のことで覚えていることなども尋ねてみたりする。何か聞きたいこと、心配なことはないかなどを聞く。すらすら話す子どももいれば、「別に」と関心のなさそうな子どももいる。でも、父母間の紛争の蚊帳《かや》の外におかれているよりも、ざっくりとでも説明を受けたほうが、子どもたちは安心するようだ。子どもの意向が離婚などの結論を左右するわけではなくても、説明を受けることで、尊重された、という実感が生じるのかもしれない。家庭裁判所には、子どもの生育歴や生活環境、意向などを聴く専門職たる調査官がいるが、代理人である弁護士も、専門的な調査はできないが、子どもをリスペクトしつつ向き合い、依頼者にもクールダウンして子どものための解決に向けた手がかりをつかんでもらうことに役立つことができる。

離婚や親権など身分関係の決着のほか、養育費などお金のことを整理するわけだが、それ以上の成果を実感する。例えば、ＤＶで自信を喪失し、目の輝きを喪い、ビクビクと不安げだった依頼者が、解決までたどり着いた時、はつらつとした笑顔になり、子どもとともに人生を再出発しようと前向きになってくれる時など、私自身いつも励まされやりがいを感じるのだ。

◆憲法を差別解消と人権保障のツールに活かす——夫婦別姓訴訟

女性差別は、ＤＶ以外のかたちでも多々あらわれる。その一つが、民法七五〇条で強制されている、夫婦同姓だ。結婚したら、夫婦の姓を一つにするのは当たり前？　いやいやそんなことが法律で定められている国は、もはや日本だけと知っているだろうか。かつて夫婦の姓を夫の姓にすると法律で定めていたドイツやタイでは、裁判所から憲法に違反するとされて、いずれも夫婦のどちらもがずっと使ってきた自分の姓でもいられる選択的夫婦別姓に改められた。選択的夫婦別姓ならば、同姓にしたい夫婦は同姓になることができ、互いに自分の姓のままでいたい夫婦は別姓のままでいられる。日本では、どうして後者の夫婦まで同姓にしなければならないのか。そして、やはり、女性の社会的地位の弱さが個々の夫婦の氏の選択にも影響し、自分の姓のままでいたい女性は夫となる人になかなか言い出せず、釈然としないまま改姓することがある。毎年婚姻する夫婦の九六％もが夫の氏を「選択」するのは、男性優位の社会構造を背景に、夫婦同姓を強制する民法七五〇条がつくり出す女性差別の結果以外の何ものでもない。婚姻改姓した後、自分を喪失したように思い、うつ病など病気になってしまう女性もいる。こんなふうに個人を尊重しない民法七五〇条は、家族に関する法律は個人の尊厳と両性の本質的平等に立脚しなければならないという二四条などの憲法の各条文や、日本も批准している女子差別撤廃条約に違反している。

私は、このように熱く厚い主張を重ねた夫婦別姓訴訟弁護団の事務局長として、勝訴に向けて頑張った。しかし、二〇一一年に提起した夫婦別姓訴訟は、二〇一五年最高裁大法廷判決で敗訴してしまった。大法廷には一五人の裁判官がいる。そのうち一〇人の男性裁判官が民法七五〇条を合憲とし、二人の男性裁判官と三人の女性裁判官が違憲とした。合憲判決がいかに不当かは、ここでは踏み込まない。しかし、いずれこの不合理な判断は変わるだろう。そのためにも、憲法上おかしいものはおかしい、と言い続けなければいけない。

こうした性差別的な規定や枠組みを温存する国会でも、その規定などを合憲とする最高裁判所でも、男性が多数を占めているのが現状だ。男性と同等数の女性が政治にも司法にも進出しないと性差別が放置されてしまう、とこの訴訟を経てつくづく思った。現時点では敗れたけれど、たくさんの人(大部分が女性)からエールを受けたし、たくさんの人が私たちの闘いに勇気づけられたとも言ってくれた。それはとても大きな励みとなった。

個々の事件に取り組んで性差別に苦しむ女性に寄り添い支えるだけではなく、法的知識を活かしつつ、議員やマスメディアに働きかけ、さらには思いを同じくする弁護士のみならず市民とネットワークを築きながら、社会をいい方向へ動かしていくこともできる。そうすることで、女性その他困難を抱える人のその生き難さが少しでも解消すれば、嬉しい。

弁護士って本当に天職だ、とつくづく思う。今後も、つながりながら、社会にコミットしていきたい。若いみなさんにも、ぜひ法律家になって、どんどんコミットしてほしいと願っている。

コラム

法律家になるには

法律家になるには、司法試験に合格しなくてはなりません。また試験を受ける前には、法科大学院に通って勉強をする必要があります。詳しくは、次ページの図を見てください。法科大学院に通わなくても、予備試験を受けて、合格すれば司法試験を受験することはできますが、その合格率は、三・九六％(二〇一六年)と、狭き門ではあります。

どのコースを進んでいくかは、それぞれが決めることですが、どんな分野にいる人でも、チャレンジはできるようになっています。司法試験の詳細については、法務省のＨＰをご覧ください(http://www.moj.go.jp/shikaku_saiyo_index1.html)。

また大学を卒業した後に法科大学院に通うことになるため、学費が必要になってきます。試験勉強だけでなく、生活のイメージもきちんとつかんでおきましょう。

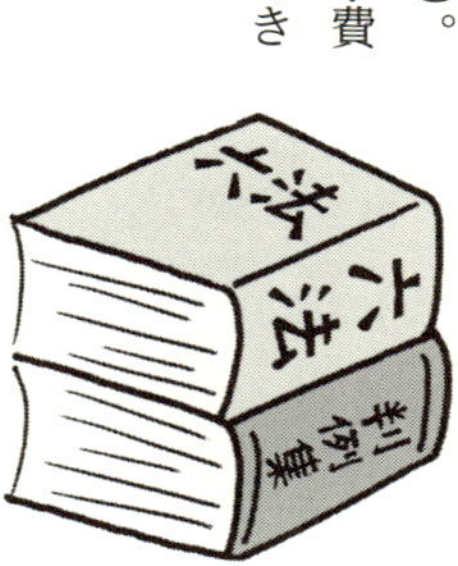

法律家になるには

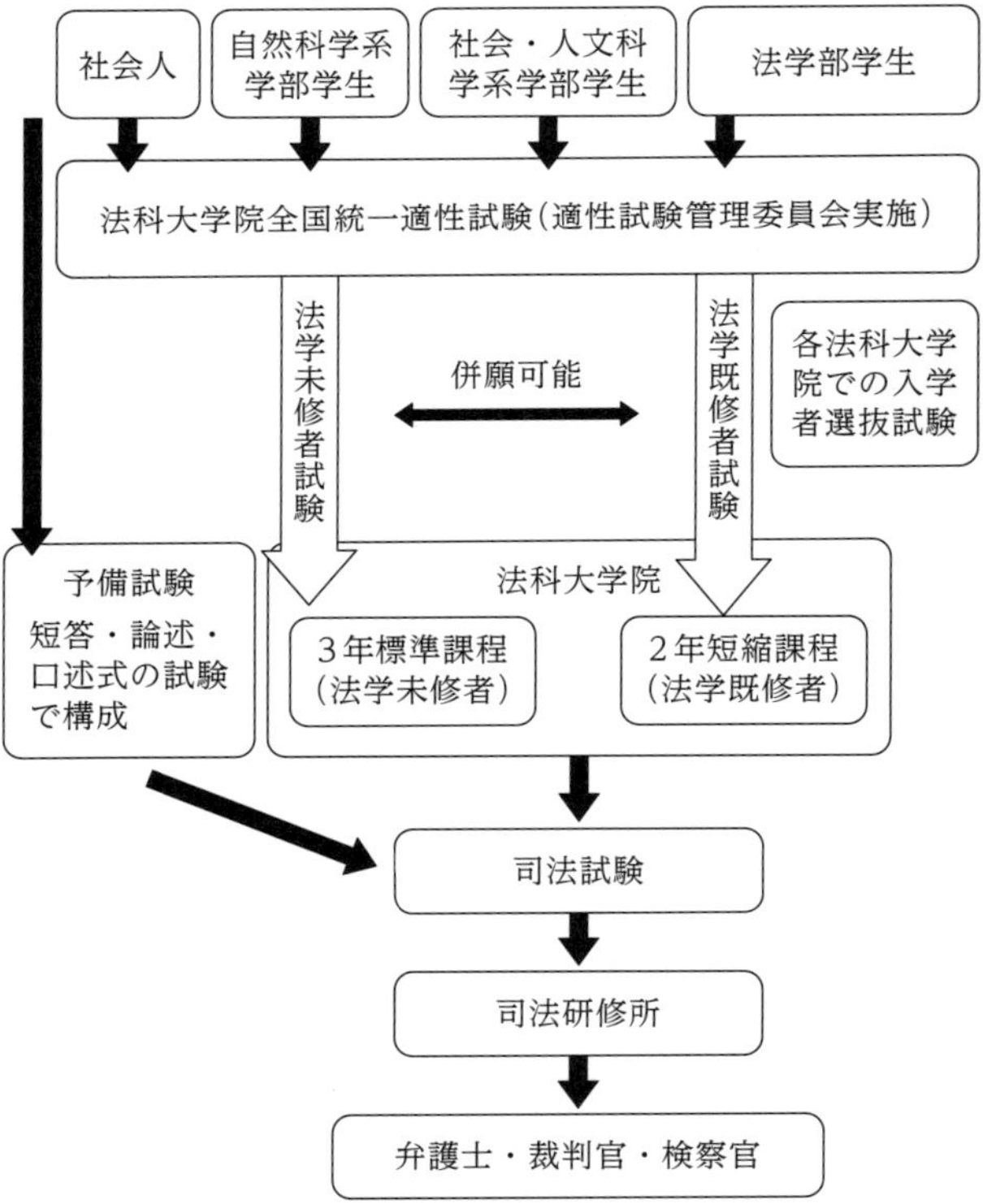

シンポジウム「女子中高生のみなさんへ　女性の裁判官・検察官・弁護士の仕事や働き方ってどんなかな？」の資料をもとに作成

裁判官

裁判と私

森脇 江津子

もりわき・えつこ

1966年，京都市生まれ．93年，司法試験合格．96年判事補任官．名古屋地裁，大阪地裁堺支部，検事，東京地裁，福島地裁相馬支部，千葉家裁，東京高裁を経て，2015年4月から仙台地裁石巻支部長として単身赴任中．夫と二人暮らし．趣味は読書と旅行．今は石巻を拠点に東北地方を車で走りまわっています．最近では太平洋側の石巻から日本海側の鶴岡まで本州北部横断の日帰り旅行を敢行しました．

私の好きな落語家さんに桂米朝師匠《かつらべいちょうししょう》という方がいます。二〇一五年に亡くなられましたが、上方落語の重鎮《じゅうちん》で端整なお噺《はなし》をされる方でした。その米朝師匠が、落語とはどんな芸であるのかを説明するために、落語を知らない人に落語について素朴な質問をしてほしいと頼み、質問に答える形で落語論『落語と私』(文藝春秋、一九八六年)をまとめました。やさしい語り口ながら落語の成り立ちや本質を深く語った本です。

そこで私も尊敬する米朝師匠にならって、質問にお答えする形で裁判官の仕事についてお話ししてみようと思います。師匠のように上手くお話しできるかどうか分かりませんが、一つ、おつき合いください。

◈裁判官は何をしているのですか

テレビに映る裁判官は、黒い服を着て怖い顔をし、ほとんどしゃべりませんね。しかし、実際の法廷では、裁判官がどんどん話をして審理を進めます。さすがに冗談は言いませんが、和やかな雰囲気になることもあります。

民事訴訟の場合、主張や証拠はあらかじめ全員に送付されているので、法廷では、裁判官が当事者に対し、この主張は争点とどう関係するのか、裏付け証拠はあるのか、他にもっと適切な証拠はないかといった質問をします。相手方に対しても、どんな反論なのか、証拠の信用性は争うのか、反証は何かと質問します。主張や証拠を提出するのは当事者の役割ですが、噛《か》み合《あ》わない議論を続けたり、的外れな証拠が提出されて審理が長引いたりしないよう、裁判官が訴訟を指揮して争いの中心である争点を確定し、当事者と裁判官が同一の認識をもって証拠調べをすることによって、間違いのない裁判をしようというのです。

今、訴訟を指揮すると言いましたが、裁判官の仕事はオーケストラの指揮者に似ています。訴訟を指揮して双方の主張立証を組み合わせ、最後に判決で判断を示すのです。

◆裁判官はどうやって訴訟指揮をするのですか

まず虚心坦懐《きょしんたんかい》に当事者の言い分を聞きます。その上で、似たような事件で争点になった部分はどこか、本件はどこが違うのか、当事者の本当に言いたいことが適切に法律構成されているかを注意深く検討し、当事者双方に対し、足りない部分の主張や立証を促します。上手に訴訟を指揮して全員で争点の認識を共通にすると、双方とも判決ではなく和解で終わらせたいと言うこともあります。

建築請負事件の例です。注文主が自宅の建築を建築業者に依頼したが、完成した家の外壁の色が注文と違っているから損害を賠償しろというのです。業者は注文主の言ったとおりに仕上げたと言い、注文主は落ち着いた灰色にしてくれと言ったのにこんなに明るい壁色にされては約束と違うと言います。

そのままでは水掛け論ですから、外壁の色について、いつ誰と打ち合わせをしたのか、打ち合わせに使った資料は何か、注文主は具体的にどう言ったのか、色を塗る時注文主は現場にいたのかなどを双方に尋ねて、裏付け資料も提出してもらいました。

すると、確かに注文主は最初の打ち合わせで「壁は周囲の街並みに合うよう、落ち着いた灰色にしてくれ」と言ったのですが、その後は打ち合わせに参加せず、注文主の奥さんだけが打ち合わせに参加していたこと、奥さんは家の外側よりも内装に関心があり、外壁は重視していなかったこと、業者は塗装前に注文主に色見本を見せ、注文主は「それでよい」と言ったが、小さな色見本だったので実際に広い壁を塗装すると明るく見えること、業者は同じ色でも面積が小さいと濃く、面積が大きいと明るく見えることを知っており、そのことを奥さんには伝えたが注文主には聞かれなかったので特に説明しなかったこと、周囲の家と比較すると確かにこの家の外壁は明るいことが分かりました。

みなさんが裁判官ならどうしますか。注文主は色見本を見てその色でよいと言ったのだから、約束と違うとは言えません。この段階で判決するとすれば、注文主の損害賠償請求は認められず、棄却判決となります。しかし、注文主としては最初に「周囲の街並みに合うように」という要望を伝えたのだから、専門家である業者には「実際に塗るともっと明るく見えますよ」と注意してほしかったのですね。他方、業者は勝手に色を決めたと言われて腹を立てていたのですが、言われてみると最初に注文主がそう言っていたことを思い出し、自分も確認すればよかったと言いました。

そこで、裁判官から和解を勧告して双方が納得できる結論を探ることにしました。金銭の負担や工事の手間を調整し、お互いが譲歩して、結局、業者に過失がないことを注文主が認める代わりに業者が外壁の一部を塗り直すという内容で和解が成立しました。

◆なぜ三人で裁判をするのですか

知り合いの裁判官が初めて離婚訴訟を担当した時のことです。四〇代の夫婦の離婚事件で、夫と妻のどちらが子の親権者になるかが争われていました。一方の当事者が裁判官の彼に向かって、「あなたは若くて、まだ結婚もしていないでしょう。そんな裁判官に親の気持ちが分かりますか」と言ったそうです。彼は「確かに私は独身で子どもはいません。しかし、子どもだったことはあります。親の気持ちは本当には分からないかもしれませんが、子の立場でお話を聞きたいと思いますから、話してください」と言って話してもらったそうです。当事者と同じ経験をしたことがない裁判官が訴訟を指揮するためには、まず当事者に言い分をよく話してもらい、聞くことが大事なのです。

当事者だけでなく、先輩や同僚の裁判官からも聞きます。「こんな事件で、私はこう考えるのですが、どう思いますか」といった具合です。似た事件の経験や知らない文献を教えてもらうこともありますが、より重要なのは、意見の異なる人と議論することです。相手の意見を理解するためにいったん相手の立場になって考え、他人の視点で事件を見直してみる。柔軟な思考をもって事件に向き合うためにはとても大事なことです。

難しい事件では、一人の裁判官ではなく裁判長と二人の陪席《ばいせき》裁判官の三人の合議体で裁判をします。「三人寄れば文殊《もんじゅ》の知恵」と言いますが、これも十分議論するためです。

法壇《ほうだん》に座る三人のうち、真ん中が裁判長、裁判長から見て右が右陪席、左が左陪席です。左右どちらかの陪席裁判官が主任となり、法廷では裁判長が発言しますが、審理の前後には主任裁判官のメモをもとに三人で議論し、争点は何か、あるべき証拠や法律構成は出ているか、認定できる事実は何かを詰めていきます。いよいよ判決する時は、とことんやったと思えるまで徹底的に議論をします。裁判官室には他にも裁判官がいますから、合議体以外の裁判官が議論に参加することもあります。二〇代から六〇代までさまざまな年齢の裁判官が、皆それぞれに互いの話を聞いて意見を述べます。よく聞き、時には皆でよく議論し、よく考えて、これしかないという結論を出すのです。

◈判決書はどうやってつくるのですか

訴訟指揮をして証拠を調べ、議論し、結論が決まったら判決書をつくります。合議体では主任裁判官が草稿を書き、他の陪席裁判官と裁判長が手を入れて判決原稿が完成します。昔はタイピストが判決原稿を清書していましたが、コンピュータ導入後は裁判官が自分で清書、印刷までするようになりました。印刷した判決書の末尾に裁判官が署名して判決原本が完成します。主任裁判官が最初に署名し、次に他の陪席裁判官、最後に裁判長が署名します。少し前まで判決原本は一〇〇年間保存すると決まっていましたから、一〇〇年たっても消えないよう墨と毛筆で署名していました。今は保存期間が短くなったので墨を使う必要はなく、サインペンや筆ペンで署名する人も多いようです。

初めて主任裁判官になった時のことです。いよいよ判決原本をつくるという段になって、さて署名をどうするか。裁判長も右陪席も毛筆派です。長年署名してきただけあって二人とも見事な手蹟《しゅせき》です。一方、私はほとんど毛筆を使ったことがありません。サインペンで署名してもいいか裁判長に聞いてみようか……。

悩んでいたある朝、出勤すると机の上に小さな硯《すずり》、文鎮《ぶんちん》、水差しが置いてありました。その朝早く、出張予定の裁判長が裁判官室に立ち寄って「森脇さんに」と置いていったといいます。もはやサインペンでと言い出すことはできず、毛筆で署名するほかありません。

その晩皆が帰った後、判決書の最終ページだけをたくさん印刷しました。一〇〇回署名すれば一つくらいはましなものがあるだろうから、それを原本に採用すればよいと思いついたのです。二時間ほどかけて一〇〇枚に署名し、そのうち三〇枚を選びました。机や飾り棚の上、応接セットなど部屋中至るところに署名した紙を広げましたが、墨で書いた文字はなかなか乾きません。もう退庁時刻が迫っています。仕方なく、次の朝回収することにしてそのまま乾かしておくことにしました。

次の日、裁判官室に入ると皆がくすくす笑っています。朝早く来るつもりだったのをすっかり忘れていつもの時刻に出勤し、先に来た人に見つかってしまったのです。幸いにも裁判長はまだ出勤していません。素早く全部回収して何食わぬ顔をして仕事を始めました。

三日後、裁判長が言いました。「判決を書いた時、私は署名する前に必ず自宅に持って帰ります。朝早く起きて、墨を磨《す》り、心を落ち着けてから、もう一度判決を読み返します。これで良いと思ったら、初めて署名をします」

判決を書いている時は頭が高速回転してかーっとなっているから、書いているつもりで書けていないことや、おかしな方向に引きずられることがあります。いったん頭と心を冷まし、第三者として判決を見直すことで、間違った判決を書かないようにする。裁判長は、その心構えを教えてくれたのです。

その時から二〇年が経ちましたが、今も判決書に署名する時はこの裁判長の言葉を思い出します。

◇なぜ法学部を選んだのですか

大学入試の時、歴史が好きだったので第一志望校は文学部歴史学科にしたのですが、第二志望校のほうはもともと行くつもりがなかったので学部はどこでもよいと思い、願書セットの一番上にあった法学部の出願用紙に記入して受験しました。ところが第一志望校を不合格になり、法学部に進学するか浪人するかを選ぶことになりました。受験に失敗してショックでしたし、法学部が自分に合うかどうかも分からないと悩んだのですが、父が「一度やってみたら、少なくともそれが自分に合うか合わないかは分かるだろう。合わないと分かったら違う道を選べばいい」と言いました。なるほどと思い、試しにやってみることにしました。ところが法学を勉強してみるとこれが面白いのです。なんと、世の中は法で成り立っていたのです。

具体的に説明しましょう。新しいハンドバッグを買ったら底に穴が開いていました。あなたはどうしますか。買ったお店に行って、取り替えてもらうか、バッグを返品するからお金を返してくれと言うか、するでしょう。

これを法の目で見ると、バッグを買うことによって、あなたとお店との間にバッグ一個の売買契約が締結され、両者はこの契約に拘束されます。売買契約が存在する時、買主は代金を支払う義務を負い、売主は目的物を買主に引き渡す義務を負います。「別のバッグと取り替えてもらうこと」は、売主であるお店に対し売買契約の債務の履行を求めることに当たります。

売主が義務を履行することができない時は、買主は売買契約を解除して契約の効果を消滅させることができます。あなたが売買契約を解除すると、売買契約は最初から存在しなかったことになり、お店は代金を保持する根拠がなくなりますから代金を返還しなければなりませんし、あなたもバッグを保持する根拠がなくなりますからバッグを返還しなければなりません。「バッグを返品して返金してもらうこと」は、契約を解除して原状回復することに当たります。

ごく当たり前にやっていることが、実は「売買契約の効力」だというのです。アルバイトをしてお給料をもらうのも、切符を買って電車に乗るのも、雇い主や電鉄会社との間で締結する雇用契約や輸送契約から発生する権利義務なのです。これはとても新鮮な驚きでした。

世の中は契約で成り立っているのです。こんな大事なことをなぜもっと早く教えてくれなかったのかと思いました。学生法律相談のサークルに入って、興味のおもむくまま夢中で勉強しました。

◇なぜ裁判官になったのですか

大学を卒業する時はバブル経済真っ盛りでした。女性の先輩たちが「最初の夏のボーナスが一〇〇万円だった」、「うちは一一〇万円だった」と言っているのを聞き、かえって怖くなりました。たいした戦力にならないうちからそんなに高額のお給料をくれる企業に就職して、長く勤めることができるだろうか……。当時、女性は一流企業に入社しても、一部の人を除き結婚して早期退職するのが一般的だったのです。おめでたいこととして「寿退社《ことぶきたいしゃ》」と言われていました。

一生働きたいと考えていたので、ずっと働ける、働くモチベーションを保てるよう社会に貢献しているという実感を得られる、性別による扱いの差がない仕事がいいと思いました。法律を使う仕事は、弁護士であれ裁判官であれ、これらを全部を満たすと考えたのです（実際、そのとおりでした)。

司法試験に合格し、司法修習中に裁判官、検察官、弁護士の仕事を間近に見て、どれも面白そうだと思って選択に悩んでいた時、実務修習で指導してくれた弁護士の方が「それなら裁判官がいいよ。弁護士登録はいつでもできるから、合わなかったら弁護士になればいい」と言ってくれました。なるほどと思い、次に裁判官と検察官のどちらにするかを考えました。検察官は刑事事件だけですが、裁判官は民事事件も刑事事件も担当します。そこで両方できる裁判官を選びました。元々が「どれもやってみたい」という動機ですから、裁判官を退官したら、次はきっと弁護士になるでしょう。

◆転勤は大変ではないですか

裁判官には転勤があります。各都道府県に一つ(北海道は広いので四つ)、地方裁判所と家庭裁判所があり、その上に八つの高等裁判所(札幌、仙台、東京、名古屋、大阪、広島、高松、福岡)があります。それぞれ、地裁、家裁、高裁とも呼びます。裁判官に任官すると、おおむね三年に一度別の高裁の管内に、例えば東京地裁から旭川地裁(札幌高裁管内)、宮崎家裁(福岡高裁管内)から大阪高裁といった具合に転勤します。

実は日本の裁判官が転勤するのは江戸時代にその由来があります。江戸時代、裁判を担当していたのは奉行《ぶぎょう》でした。江戸や大坂の町奉行のほか、長崎奉行や伏見奉行など多くの奉行職があり、これはと思う者を転勤させて他の奉行職に就かせ、経験を積ませました。一つところにいるのではなく、いろんな土地に行って世の中をよく知りなさいということです。奉行から裁判官に変わってもこの伝統は続きました。

今私がいるところは、仙台地方裁判所石巻《いしのまき》支部です。東日本大震災では津波で大きな被害を受けましたが、明治以前には舟運で大変栄えたところです。東北の地図を見ると、岩手県の県庁所在地である盛岡から南に向かって北上川が流れ、石巻で海につながっています。盛岡から始まって北上川沿いに花巻、水沢、一関《いちのせき》、登米《とめ》、石巻と裁判所の支部が並んでいます。どれも物資の集積所として賑わった場所です。江戸時代に北上川の川幅が広げられ、港湾施設が整備され、南部藩《なんぶはん》の米が北上川を通って石巻で千石船に積み替えられ、江戸や大坂に運ばれるようになりました。江戸で流通する米の八割が石巻から積み出されていたといいます。明治の初めに裁判所が設置された時、当時栄えていた場所に支部が置かれたのです。

最近、石巻では明治時代の裁判記録が多数発見されました。奉行所から裁判所に変わり、初めての法律のもとで私たちの先輩が奮闘した様子が分かる貴重な記録です。今は仕事のかたわらその研究もしています。隣の登米市には明治時代にわずか一〇年間だけ存在した幻の裁判所(治安裁判所)の法廷があります。欧米諸国では、昔の法廷や裁判所の建物を文化遺産として大切に保存していますが、わが国では戦後、取り壊しが進んだために、明治時代の法廷はほとんど残っていません。中でも治安裁判所は、開かれていた期間が短かったこともあって、その法廷が見られるのは全国で唯一登米市だけです。法廷の様式も、江戸時代のお白《しら》洲《す》から現代の法廷に移行する途中のひな壇形式のもので、世界的にも珍しい文化遺産なのです。現在、地元の人たちが正しく復元して後世に残したいというのでお手伝いをしています。きっと、次の転勤の後も、石巻や登米の人たちとのつながりは残るでしょう。

私は関西出身です。仕事でなければ石巻に来ることはありませんでした。転勤は確かに大変ですが、さまざまな地域を深く知り、人と出会うこともできるのです。

◆結婚や子育てもできますか

結婚して子育てをしている女性裁判官は、大勢います。裁判官は自分の裁量で仕事をしますから、民間企業や他の公務員と比べると休暇も取りやすく、勤務時間や手当など育児面ではかなり恵まれています。

単身赴任や子どもの転校といった問題に直面することもありますが、これは裁判官に限らず共働きの家庭には共通の問題ですね。結婚して子どもができてもずっと仕事をしたい人には、裁判官は良い職業だと思います。

◆最後に

裁判官の仕事は他人の人生に関わる仕事です。自分では経験できないようなことを事件を通じて知り、言い分を聞いてよく考え、結論を出すことは、重いけれども、興味の尽きない仕事でもあります。もしみなさんが私の拙《つたな》い話を読んで裁判官になろうと考えてくれたら、これほど嬉しいことはありません。その時には、できるだけたくさんの経験をして、たくさんの失敗もして、失敗から学んで、良い裁判官になってください。

裁判官

裁判官として誇りをもって

――普通の女の子が裁判官となるまで

鹿田あゆみ

しかだ・あゆみ

岡山県生まれ．大阪大学法科大学院を卒業し，2008年に司法試験合格．司法修習を経て，10年より徳島地方裁判所にて勤務．13～15年，東京パブリック法律事務所において弁護士職務を経験．その後東京地方裁判所判事補を経て，現在，熊本地方裁判所・熊本家庭裁判所判事補および熊本簡易裁判所判事．

◆裁判官の仕事とは？

「裁判官の仕事」と聞いて、みなさんはまず何を思いうかべるでしょうか？　「判決」をする仕事、こう思いうかべる人が多いかもしれません。

みなさんが、テレビのドラマやニュースで目にする裁判官は、たいてい黒い法服を着て、一段高いところから怖い顔をして被告人に判決を言い渡しているのではないかと思います。

裁判官とは、文字通り「裁判」を行う「官職」にある者を指しますので、仕事の中心は「裁判」つまり、「判決」を行うことにあります。ですが、「裁判」を行うまでの過程でさまざまなことをしますし、「裁判」をすることだけが仕事ではありません。

では、裁判官が普段どんな仕事をしているのか、一部だけですが、私の仕事の内容を通じてお話ししたいと思います。

◇民事裁判官の仕事

私は今、熊本地方裁判所の民事部で勤務しています。

裁判所には、最高裁判所、高等裁判所、地方裁判所、家庭裁判所、簡易裁判所と五つの種類の裁判所があり、それぞれが違った役割を担っていることは、社会科の授業などで勉強されていると思います。

地方裁判所は、原則は第一審の裁判を行う場所で、刑事事件を取り扱う刑事部と民事事件を取り扱う民事部に分かれています。

刑事裁判については、ドラマなどでよく見られているので、イメージがつきやすいかと思いますが、民事裁判はあまりイメージがわかないかもしれません。民事裁判は、お金の貸し借りや、物の売買、雇用関係のトラブルや知的財産のトラブル、交通事故や医療過誤など、ありとあらゆる個人間・企業間のトラブルを解決するための制度です。

また、第一審の裁判は、三人の裁判官が関与する合議事件と一人の裁判官が進める単独事件とに分かれます。合議事件は、国や地方公共団体を相手にした裁判(行政事件や国家賠償事件)や、多数の人が原告となる集団訴訟、医療過誤事件など、複雑で難しい事件が対象となっています。

私が、現在担当しているのは、単独事件と合議事件の右陪席《ばいせき》(裁判長の次にキャリアが長く、裁判長から見て右に座っている。その反対、左側に座るのは一番キャリアが浅い裁判官)としての仕事です。事件の数でいうと、単独事件で一四〇件程度、合議事件で五〇件程度の事件を担当しています。

民事裁判官の仕事は、さまざまな民事上のトラブルを解決することです。解決の方法としては、原告(権利を主張して訴えた側=例えば、お金を貸した人)・被告(義務があるとして訴えられた側=例えば、お金を借りた人)のどちらの言い分が正しいかを判断するための裁判(判決)をする方法と、話し合いで解決する和解という方法があります。ですので、仕事の中心は、一つひとつの事件を、和解もしくは判決へ導くための作業になっていきます。

民事裁判官の仕事内容を理解していただくために、民事裁判のルールを説明したいと思います。民事裁判は、基本的には個人(企業)対個人(企業)の争いになります。ですので、刑事裁判のように検察官や警察官などの国家機関が証拠を探すのではなく、それぞれ権利を主張する事件当事者が自分たちの言い分が正しいという法的な主張と、主張を裏付ける事実についての証拠を提出しなければなりません。そして、裁判官は、裁判で当事者が主張した事実と、提出した証拠にのみ基づいて判断をしなければなりません。

ですので、まず、裁判官が事件を解決するためにしなければならない重要な仕事は、原告・被告が裁判所に提出した主張を記載した書面と証拠をしっかりと読み込むことになります。次に、事件の争いとなっているところが何なのか、整理をしていく必要があります。例えば、お金の貸し借りの話では、被告がお金は借りていないと反論する場合、そもそもお金すら受け取っていないと主張することもあれば、お金は受け取ったけど、そのお金は借りたのではなくもらったんだと主張することもあります。また、お金は借りたけどもう返したと主張する場合もありますし、もう昔の話だから時効で消滅したと主張する場合もあります。

被告の主張によって、判断する内容は変わってきますので、争いのあることを整理していくことも重要な仕事です。そして、争いのない事実が証拠から認められるかを判断し、さらに、当事者が主張している事実が法律上認められるかという判断をした上で、最終的な「判決」へ導いていくという作業を日々行っています。

◆一日のスケジュール

抽象的なお話ばかりで、あまりイメージがつきにくいかもしれませんので、私の一日の仕事内容を簡単にご説明します。

九時頃、出勤
九時半頃、担当書記官との打ち合わせ
一〇時～一〇時半、第一回口頭弁論期日(通常五～六件)
一〇時半から一二時、弁論準備期日(三件程度)
一二時一五分～、昼食
一三時一〇分～一三時二〇分、判決言渡し
一三時三〇分～一七時、弁論準備期日(七件程度)
一七時～、翌日や翌々日の裁判期日の準備、判決作成など
帰宅時間は日によってばらばらです。

裁判官には、労働時間という概念がありません。ですので、朝は、裁判期日に間に合うように来ればよいのですが、熊本地裁の裁判官は、午前九時頃に出勤される方が多い印象です。ちなみに、私の所属している民事部では、月曜日と金曜日には合議事件が入る予定になっていますので、月曜日と金曜日は、右の予定とは違い、日によって変則的です。一日法廷に入

っている時もあれば、そうでない時もあります。先の予定は、私の単独事件が入っている火曜日から木曜日のスケジュールになります。

　前述したとおり、私が一人で担当している単独事件の数は一四〇件くらいあります。だいたい、事件は一カ月に一回のペースで期日を入れていきますので、一週間に三〇件から四〇件程度の事件の手続きを行うことになります。ですので、だいたい、一日一〇件程度の口頭弁論期日をいれています。通常の裁判は弁論期日といって公開の法廷で行われますが、弁論準備期日とは、名前のとおり弁論の準備をするための期日で、事件についての争いが何なのかを当事者で議論するための期日となります。だいたい、三〇分くらいの間隔で入れており、その手続きの中で、弁護士たちと争点を確認するために議論をしています。

　争点が確認でき、和解で解決できない事件については判決をします。判決をする事件では、だいたい、本人や証人の話を聞く証拠調べ期日が入ります。みなさんが、よく耳にする「証人尋問」や「本人尋問」という期日です。この証拠調べ期日が入る日は、半日や丸一日法廷にいることになります。これが、私の一日の仕事になります。

お休みについて

裁判官も公務員と同じように、土曜日や日曜日、祝日といった法廷が開かれていない日はお休みとなります。また、お盆休み、年末・年始の期間は法廷も開かれないので比較的長期間のお休みがとれます。ただ、判決を書かなければならないなど忙しい時には、休日に裁判所に来て仕事をしていることもあります。

休みの日は、職場結婚した裁判官の夫と熊本の観光地や温泉巡りをして、九州での生活を楽しんでいます。

どうして裁判官になったの？

裁判官というと、真面目で優秀な人がなる仕事。そう思われている人が多いかもしれません。確かに、私が一緒に仕事をしている方は、大変優秀で、仕事熱心で、真面目な人が多いです。ただ、残念ながら、私はそんなに優秀ではありません。そんな私が、どうして裁判官になったのか？　今でも不思議ではあるのですが、この本を執筆するにあたって少し昔を振り返ってみました。

◆演劇との出会い

私は、岡山県倉敷市で生まれ、水島コンビナートに近い、田んぼがたくさんある田舎で育ちました。子どもの頃の私は、引っ込み思案で一人で物語を作って空想にふける、周りから見ると少し不思議な子どもだったと思います。よく空想に浸っていたので、ランドセルを忘れて小学校に通ったり、学校からの帰り道に田んぼに落ちたり、習い事に行く途中にどぶ川にはまったりと、私のドジな話は今でも家族の笑《わら》い種《ぐさ》になっています。私は、生まれたのが予定日よりも早く、かなり小さく生まれてきたので、小学生の頃まではよく病気をしていました。両親としては、健康に育ってくれればよいと思っていたのか、あまり勉強しろと言われたこともなく、のびのびと育ってきました。

そんな私が、なぜ法律家になったのか？　それは、演劇との出会いがあったからではないかと思います。

中学生になった私は、ひょんなことから演劇部に入部することになりました。新しくできたばかりで、怖い先輩がいないということが理由の一つでしたが、空想に浸ることが好きだった私は、演劇というものに何か心惹かれたのかもしれません。そして、初めて舞台に立った時、私は演劇の魅力にすっかりとりつかれてしまいました。引っ込み思案でおとなしかった私が、舞台の上では全く違う自分になる、声を張って言葉で思いを表現する、その高揚感を初めて感じることができたのです。

その後は、演劇一筋で、地元の公立高校に入学した後もひたすら演劇部の活動にのめり込んでいました。進路を決める頃になっても演劇ばかりしていたので、さすがにその頃は親に心配もされました。ただ、高校での演劇活動の一環が、私を法律家へ誘《いざな》うきっかけとなったのです。

◆倉敷(水島)公害訴訟との出会い

私が生まれ育った水島地域は、水島コンビナートに隣接しており、コンビナートの発展とともに繁栄した地域でしたが、同時に、深刻な大気汚染の問題もかかえる光と影のある地域でした。一九七五年には公害健康被害補償法により、水島を中心とした地域は公害地域として指定され、以降、約四〇〇〇人が公害患者として認定されました。一九八三年、公害患者らが水島関連企業八社を被告として損害賠償を求めるなどの裁判を起こし、約一三年もの裁判の末、一九九六年一二月に公害患者と水島関連企業との間で、企業側が水島の環境改善及び環境再生保全のために解決金を払うことなどを内容とした和解が成立しました。

水島では、和解が成立したことが大々的に報道され、高校一年生だった私は、自分が生まれ育った水島地域の公害訴訟に大変興味を持ちました。そして、翌年の高校二年生の夏に、水島の公害を題材とした演劇を作ることにし、公害患者の方々にお話を伺うことにしました。公害患者の方々のお話を聴く中で、水島地域で公害患者と水島関連企業に勤める人たちやその家族との間で軋轢《あつれき》が生じてしまったこと、裁判をすることへの誹謗中傷《ひぼうちゅうしょう》など、多くの苦しみや悲しみがあったことを知りました。その中で、裁判所が関連企業の排出物質が汚染物質にあたることを認める判決を出したことで和解につながったことについて、「司法の力で(企業側の)鉄の扉が開いた」とおっしゃった方のお話が今でも印象に残っています。裁判というものが、多くの困っている人を助けることにつながるんだと初めて感じた出来事でした。そして、進路に迷っていた私は、漠然と、困っている人の役に立つために弁護士になりたいとの夢を持ち、将来の進路を法学部とすることに決めたのです。

◆大学のゼミにおける研究

高校時代の演劇部での経験を通じて、漠然と弁護士になりたいと思い、進路を法学部に定めた私でしたが、高校時代は受験勉強もそこそこに演劇部の活動に打ち込んでいたので、急に成績が上がるわけでもなく、何とかぎりぎりで大阪市立大学の法学部に入学することができました。そして、大学に入ってもすぐに司法試験の勉強をするわけでもなく、またもや演劇サークルに入り、朝から晩まで演劇に打ち込み、青春を謳歌《おうか》していました。そして、法曹への憧れも薄れかけていた大学四年生の時のゼミでの研究が、再び私に弁護士になるという強い思いを抱かせました。

左から4人目が筆者，大学近くの河川敷での練習風景

私は大学四年生の時、刑事法のゼミに所属しており、そこで担当教授の勧めもあり、ゼミ生共同である事件

の研究を行うことになったのです。その事件は、二〇一六年に再審(裁判のやり直し)が行われ、無罪となった東住吉保険金殺害事件です。当時は、大阪地裁で無期懲役の有罪判決が出て、控訴審の段階でした。詳細は省略しますが、東住吉保険金殺害事件で自白の危険性(過度に被告人の自白に依存して裁判をすることの危険性)について研究を行い、文献の調査だけではなく、実際に事件を担当している弁護人の方々のお話を伺う中で、困っている人たちの役に立つために法学部に進学したことを思い出しました。そして、司法試験を受験するために勉強する決意を新たにしました。

その後、大阪大学の法科大学院へ進学し、一から勉強するつもりで必死に勉強をしました。自分を追い込むため、司法試験に一度でも失敗したらきっぱりあきらめるという覚悟で勉強をしました。その成果か、司法試験に一度で合格することができました。

◆司法修習での出会い

さて、ここまで、私が法律家を目指した話をしてきましたが、なぜ裁判官になったのかという話は一つも出てきていません。それは、当初、私が目指していたのは弁護士であって、裁判官ではなかったからです。では、なぜ裁判官になったのか、それは司法修習時代に大変魅力的な裁判官にお会いしたことにあります。

司法修習生は、裁判所、検察庁、弁護士事務所すべての場所で実務家としての研修を受けます。私は、最初の実務修習で民事裁判の修習を受けることになり、大阪地方裁判所の民事部に配属されました。

私も、みなさんと同じで、修習が始まる当初は、裁判官とは厳格な怖い人で、近寄り難いのだろうと想像していました。しかし、私が配属された修習先の裁判長は、大変気さくで、優しく、裁判実務の初心者であった私たち修習生を熱心に指導してくださいました。傍聴《ぼうちょう》した裁判期日や和解の席上では、人情味あふれるお話で当事者を説得されており、裁判官に対する印象が大きく変わりました。また、証拠をきちんと吟味して、事実を認定することの大切さを丁寧に教えていただき、民事裁判の興味深さを教わりました。そして、民事裁判での修習が楽しく、熱心に取り組んでいたところ、その裁判長から裁判官を目指してみないかとお話をいただきました。

これまで述べてきたように、私は同時期に司法試験に合格した人たちの中で特に優秀というわけではなかったので、本当に裁判官になれるのか不安でした。しかし、お話をいただだいた裁判長のように人間味あふれる裁判官となり、当事者に納得され、信頼されるような裁判をしたいと思い、司法修習期間に頑張って勉強を続けました。その結果、現在、裁判官として仕事をしています。

◆裁判官の仕事の魅力とは?

裁判官の仕事の魅力の中心は、なんといっても「独立であること」です。サラリーマンのように会社にしばられることもなければ、弁護士のように依頼者の代弁者でもなく、検察官のように国家の代表者でもありません。憲法で「法律と自己の良心にのみ従い判断する」と保障されているように、法律と自己の良心にのみに従い判断します。合議事件でも、裁判長と右陪席、左陪席が対等の立場で議論を交わし、結論を導いていきます。ですので、合議において右陪席と左陪席の意見が一致すれば、裁判長が違う結論であっても、右陪席と左陪席の意見を前提に判断を行うことになります。

また、自分で書いた判決が判例(最高裁判所の判決)を変更したり、作ったりすることもあることも魅力だと思います。

◇信念をもって

裁判官の仕事の魅力は、「独立である」といいました。けれど、決して独善的になってはいけません。これまで、この本を読んで感じられている方も多いのではないかと思いますが、裁判というものは人の人生を大きく左右するものです。

水島公害訴訟のように裁判により、日常の生活を取り戻す人たちもいれば、東住吉保険金殺害事件のように裁判により無実の罪で長年服役しなければならない人たちもいます。ですので、常に慎重に判断しなければなりません。

私が裁判官に任官した際、アメリカのミネソタ地区連邦地方裁判所のエドワード・J・デヴィッド裁判官が公表した「新任裁判官の十戒」について説明されました。十戒の内容については、東北大学法科大学院教授の石井彦寿さんが書かれたエッセイ「新任裁判官のための十戒」(『東北大学法科大学院メールマガジン』第九号、二〇〇六年五月二三日)を参考にしてもらえればと思いますが、その中で最初に出てくる戒めが、「Be kind(親切であれ)」「Be Patient(忍耐強くあれ)」です。裁判官は、心優しく、忍耐強く、常に謙虚に仕事に取り組むことをこの十戒は教えてくれます。
私も、悩んだ時は常にこの十戒を振り返り、仕事をしています。

◆誇りをもって

裁判官の仕事は、独立であると同時に、人の人生を左右する判断を自分で行わなければならない重い仕事でもあるといいました。時には死刑の宣告もしなければならないケースもあります。もちろん、判断までには、熟慮に熟慮を重ねた上のことです。にもかかわらず弁護士や検察官のように依頼者や被害者の方たちに直接感謝される仕事でもありません。けれど、その判断一つで事件を解決することができ、ある人の人生を良いほうに変えることもできます。

私が少年事件を担当していた際、施設に入所させる決定をした少年に、少年が施設を退所した後、たまたま出会ったことがあります。その少年は自分から私に話しかけてくれ、「お姉さんに施設に送られた時はものすごく悔しかったけど、少年審判でお姉さんに言われたことは本当のことだったから、絶対立ち直ろうと頑張った。今は頑張って仕事をしている」と報告をしてくれました。少年審判という一度しか会わない場でも、その少年は私の話したことをしっかり覚えていたのです。その際、裁判官の仕事を選んでよかったと感じました。

今でも、日々、仕事に悩んでいますが、人の人生を左右する責任を負っている以上信念と誇りをもって仕事をしています。

◆進路に悩んでいる貴方《あなた》へ

私は、最初にこのお話をいただいた時に受けるかどうかかなり悩みました。また、執筆を進めている時も何度もあきらめそうになりました。それは、私の経歴が決して華々しいものではなく、どちらかというと経歴に対する引け目を感じているところもあるからです。けれど、私のように、田舎でのんびり育ち、演劇に打ち込むあまり、夢に向けてのスタートダッシュが遅れても、あきらめずに頑張れば夢がかなうということを伝えたかったことから、とりとめのない話をさせていただきました。将来に不安なことがあるかもしれませんが、少しでもこの本を読み、希望をもって頑張っていただければ嬉しく思います。

コラム

女性法律家ってどれくらいいるの？

この本には、たくさんの女性法律家が登場していますが、みなさんは、日本に女性法律家（弁護士、裁判官、検察官）はどれくらいいると思いますか？

社会に男性・女性が半分ずついるように、司法の現場にも男性・女性が半分ずついるのでしょうか？

かつて、弁護士法は弁護士になることができる条件を「成年以上の男子たること」と定めていたため、女性は弁護士になることができませんでした。同様に、女性裁判官、女性検察官（検事）もいませんでした。

一九三六年に弁護士法が改正されて、女性も弁護士になることができるようになり、一九四〇年、久米愛《くめあい》、三淵嘉子《みぶちよしこ》、中田正子《なかたまさこ》の三人が、日本で初めての女性弁護士になりました。

その後、一九四七年五月に男女平等をうたった日本国憲法が施行され、さらにその二年後である一九四九年には、三淵嘉子、石渡満子《いしわたみつこ》が日本初の女性裁判官に、門上《かどがみ》チエ子が日本初の女性検察官になりました。

それから七〇年の時を経て、司法の現場にも女性が増えてゆき、今ではたくさんの女性法律家が活躍をしています。

しかし、まだまだ「男性・女性が半分ずつ」にはほど遠いのが実情です。

女性裁判官の数は、二〇一六年一二月現在七五五人であり、裁判官全体に占める割合は二一・三％です。女性検察官（検事）の数は、二〇一七年三月末現在四六一人であり、検察官（検事）全体に占める割合は二三・五％です。女性弁護士の数は、二〇一七年九月現在七一六七人で、弁護士全体に占める割合は一八・四％でした（二〇一七年一二月二六日内閣府「政策・方針決定過程への女性の参画状況及び地方公共団体における男女共同参画に関する取組の推進状況について」）。また、最高裁判所には全部で一五人の裁判官がいますが、女性裁判官はこのうち三人（二〇％）しかいません（二〇一八年一月九日現在）。しかも、司法試験合格者に占める女性の割合は、むしろ低下傾向にあり、二〇一七年には二〇・四％（一五四三人中三一五人）にとどまってしまっています。

一方、諸外国について見てみると、一〇年以上前である二〇〇六年時点の数字ではありますが、アメリカの弁護士に占める女性の割合は三〇・二％、イギリスでは四一・二％、フランスでは四八・七％、ドイツでは二九・三％でした（日本弁護士連合会編『二〇〇八年　弁護士白書』。なお同年における日本の女性弁護士割合は一三・〇％）。現在の日本における女性弁護士割合すらも、諸外国における一〇年前のそれよりもずっと低いことが分かります。

「世界経済フォーラム（ダボス会議）」は、各国における男女格差の度合いを表す「ジェンダー・ギャップ指数（ＧＧＩ：The Global Gender Gap Index）」を毎年公表していますが、二〇一七年、日本のジェンダー・ギャップ指数は、一四四カ国中一一四位でした。日本国憲法が掲げた男女平等が憲法の施行から七〇年以上たった今もまだ十分実現できていないのだということを、改めて感じさせられます。

この本で紹介するように、社会にあるさまざまな差別をなくすよう取り組むこと、差別によって侵害された権利を回復することは司法の大きな役割です。男女差別のない平等な社会を実現するためには、司法の場にもっともっと女性が増え、その声が反映されなければならないと思います。

この本を手に取ったことをきっかけに、司法の現場で活躍してみたいと思う女性が一人でも多く出てきてくれたら、そう願ってやみません。

検察官

検察官として大切にしていること

野村 茂

のむら・しげる

1974年，東京都生まれ．早稲田大学法学部卒業後，98年，司法試験に合格し，司法修習生を経て，2000年に検事となる．以降，東京・横浜・前橋・大阪・八王子・仙台・川崎・岐阜の各地方検察庁・支部に勤務し，14年4月から東京地方検察庁検事として現在に至る．

◇はじめに

私は、検察官をしています。今回、若い世代のみなさんに検察官の仕事のことを伝える貴重な機会をいただきましたので、私が検察官になった理由や、検察官として大切にしていることなどをお話ししたいと思います。

◇時代劇好きな子ども、「鬼平」に憧れて

私は、物心がついた頃から、祖母の膝の上に座り、「水戸黄門」「大岡越前」といったテレビの時代劇を見るのが大好きでした。私の「時代劇好き」は、中高生になっても変わらず、友人たちには隠していましたが、当時、放映されていた時代劇をほとんどすべて見ていました。

中でも、池波正太郎原作の「鬼平犯科帳《おにへいはんかちょう》」が一番好きでした。「火付盗賊改方《ひつけとうぞくあらためかた》」のお頭「長谷《はせ》川《がわ》平蔵《へいぞう》」が、江戸市中で強盗《ごうとう》、放火、殺人といった凶悪犯罪を犯す盗賊たちと戦う姿

を描いたドラマです。「長谷川平蔵」は、徹底した捜査により盗賊たちを一網打尽にして厳しく罰することから、「鬼の平蔵(鬼平)」の異名で畏《おそ》れられているのですが、その一方で、理不尽な被害にあった人たちの気持ちに寄り添い、罪を悔いている者には立ち直る機会を与えて更生を図ろうとするなど、人情味のあふれる主人公です。

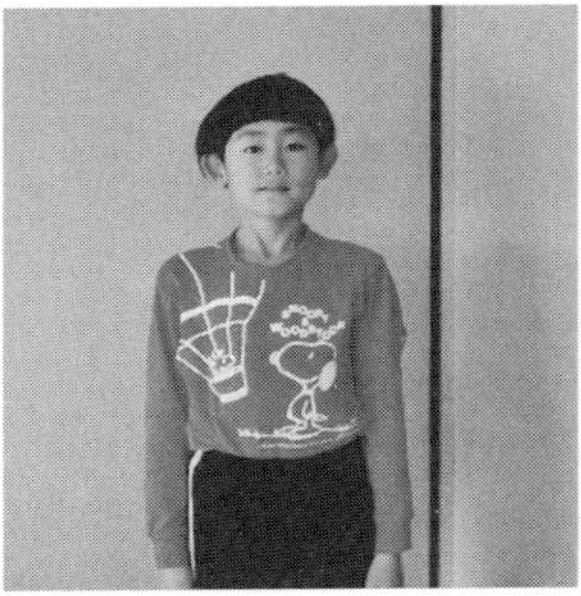

「鬼平」に憧れていた少年時代

私は、少年時代から、このドラマで描かれた「鬼平」の人柄や、忍耐強く知力を尽くして盗賊たちと戦う姿に憧れを持っていました。自分が検察官を志した理由を振り返ってみると、少なからず「鬼平」の影響を受けている気がします。

余談ですが、私は、息子が生まれた時、「鬼平」にちなんで「平蔵」と名付けようと、まじめに提案したのですが、妻から即座に却下されて断念しました。

◇私の大学時代——検察官を志したきっかけ

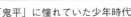

私は、父が弁護士をしていましたので、高校生くらいの時から、将来弁護士を目指そうという漠然としたイメージを持っていました。そう思って大学の法学部へ入学したものの、勉強することよりも「アルバイト」と「遊び」にすっかり夢中になりました。必修科目がある日しか大学へは行かずにパチンコ屋へ通い、毎晩のように居酒屋でバイトをしてから、朝まで飲んで寝るという生活でした。今にして思うと、大学まで通わせてくれた親のすねをかじって甘えていたと恥ずかしく思う一方で、さまざまな社会勉強をすることもできたのかなと正当化しています。

このような生活を続けて、将来の自分の進路に不安を感じていたある日、ふと目にしたテレビ番組で、ある検察官がインタビューに答えていました。その検察官は、汚職事件などの捜査を専門とする「特捜部《とくそうぶ》」(特別捜査部)という部署の部長でした。その方は、検察官がどのような姿勢で事件と向き合っているのか問われると、「悪いことをした人が処罰されずに、まじめに働く人がばかを見る世の中は許せない」と、堂々と話をされていました。テレビを通しても、その方が検察官として、犯罪と闘う確固たる信念を持たれていることが伝わってきて、強く感銘を受けました。「悪いことをした人がしっかりと処罰され、まじめに働く人が報われる世の中」というのは、多くの人が心の中ではそのとおりだと思うような当たり前のことですが、なかなか口にすることができない言葉だと思いました。私は、この時はまだ検察官が具体的にどういう仕事をするのかよく理解していなかったのですが、自分も犯罪と闘い、人の役に立つ仕事をしたいと単純に思い、検察官に憧れるようになりました。

思い出してみると、それからの私は、遅れを取り戻すように必死で法律を学び、司法試験の勉強に真剣に取り組みました。その結果、司法試験に合格し、司法修習生を経て、二〇〇〇年に検察官になりました。

◆大切なことを教えてくれたある事件

私は、それからの一七年間、検察官として多数の事件の捜査・公判を担当してきました。「捜査」というのは、事件を起こした疑いのある被疑者やその被害者ら関係者から話を聴くなどしてさまざまな証拠を集め、被疑者の処分を決める仕事です。「公判」というのは、検察官が起訴した被告人が有罪であることを法廷で立証し、犯した罪に見合った刑罰を求める仕事です。これらの捜査・公判を通じて、少なくとも一〇〇〇人以上の人と会い、話を聴いてきました。

その中で、検察官として、最も大切にすべきことの一つは、担当する事件と真摯《しんし》に向き合い、相手の話に耳を傾けることだと確信しています。

もっとも、最初からそのように思っていたのではなく、私にそのことを教えてくれた決して忘れられない事件があります。

それは、私が検察官になって間もない頃のことでした。

交際中の若い男女が口論となり、同居していた部屋で男Bが、彼女であるAさんの顔を数回殴《なぐ》ってけがをさせたとして逮捕された傷害事件でした。

警察から検察庁に送られてきた書類を読むかぎり、Aさんの顔や手足に打撲があるものの、骨折等の重いけがはありませんでした。Aさんが警察で話したことが書かれた供述《きょうじゅつ》調書には、Bと別れ話をしているうちに殴られたくらいのことしか述べられていませんでした。そして、私が逮捕されているBから話を聴くと、いかにも神妙な様子で、「別れ話のもつれからAさんと口論となり、腹を立てて殴ってしまった。もう二度としない」とのことでした。

その時の私は、よくある男女のトラブルなのかなと思いました。そして、Bが逮捕されたのも今回が初めてで、殴ったことを認めていることから、直ちに重い処罰を行う必要はないのかなとも感じました。ただいずれにしても、まずはAさんから話を聴き、けがの様子なども確認することが先決だと考えました。

それからの私は、別の事件の捜査で何日かバタバタとしていたのですが(検察官は、同時に複数の事件を担当するのが通常です)、これらの捜査が落ち着いたところで、検察庁までAさんに来ていただき、話を聴きました。最初、Aさんは、私からの質問にポツリポツリとしか答えず、部屋の電話が鳴るだけで、急にビクッと身を震わせるなど、明らかに怯えきった様子でした。私は、ここまで怖がっているのはおかしいと思い、これまでどんなことがあったのか覚えているかぎり教えてほしいと尋ねました。すると、Aさんは、急にワーッと泣きだし、少しずつではありましたが、Bからされてきた数々の暴力を教えてくれました。Aさんは、事件の少し前から、Bと同居するようになったのですが、すぐにBが異常なほどにAさんを束縛し、Aさんが男性と会話しただけで怒りだし、夜通し土下座で謝罪させられるなどしたため、Bと別れたいと思うようになったとのことでした。その後、Bは、気に入らないことがあると、Aさんに当たり散らして暴力を振るうようになり、Aさんが勇気を出して別れ話を切りだしたところ、激怒し、何日にもわたって、部屋からAさんをほとんど出さずに、さまざまな暴力を振るいました。

Aさんは、Bから「別れるなら殺す」などと言われながら、体中に殴る蹴るの暴力を振るわれるなど、ひどいことをされていました。

私は、Aさんが、こうした被害の様子を心の奥から振り絞るようにして話してくれている間、どれだけつらくて怖かったんだろうかと思うと胸が張り裂けそうになりました。私と一緒に聴いていた相棒の検察事務官(検察官と検察事務官は、二人一組のペアになって捜査するのが通常です)も、途中から鼻をすすり、涙をぬぐっていました。私は、自分が情けなくて仕方ありませんでした。検察官として、この事件と真摯《しんし》に向き合っていなかったと恥ずかしく思いました。もっと早くAさんと会って話を詳しく聴いて、Aさんの不安や恐怖を少しでも取り除けるような方策を考え、どれだけひどい事件であるのか必要な捜査をして明らかにするべきでした。

Aさんは、こうした被害の詳細を警察では話していませんでしたが、それには理由がありました。警察から事情を聞かれたのがBから逃げてきた直後のことでしたので、パニック状態にあり、整理立てて話をすることができなかったそうです。また、Aさんは、すぐにBが警察から釈放されて、仕返しに来るのではないかと恐怖していたこともあり、警察ではBから逃げてきた日の話だけをしていたそうです。

私は、もっと早くAさんと会って話を聴くべきだったと心底後悔しましたので、率直にA

さんにそのことを話して謝りました。その上で、Aさんから何時間も話を聴かせてもらい、いつどんなことをされたのか、できるかぎり詳しく教えてもらって、それらをすべて供述調書として記録しました。

その後、私は、検察事務官と一緒に警察署へ行き、Bを取り調べました(検察庁にも取調室がありますが、すぐに話を聴く必要がある場合などは警察署で行うこともあります)。Bは、もうすぐ社会に戻ることができると思っていたようで、どこかヘラヘラとしているように感じました。しかし、私が、Aさんから詳しく話を聴いた上で来ていることを告げて、Aさんにしたことを問《と》い質《ただ》していくと、顔つきがガラリと変わって私を睨《にら》みつけ、「俺をどうしたいんだよ」と食ってかかってきました。

結局、Bは、どんなことをAさんにしたのか自分からは詳しく話そうとしませんでしたが、Aさんが私に述べていたことを一つひとつ確認して問い質していくと、ごまかそうとはしながらも、大筋で認めましたので、その話を供述調書として記録しました。

その後、私は、Aさんを診察した医師からも話を聴くなどの捜査をした上、Bを傷害罪で起訴しました。

元々警察から送られてきた事実は、何月何日にAさんを数回殴ってけがをさせたというものでした。しかし、Aさんが私に教えてくれた話から、Bが何日にもわたって、何度も何度も殴る蹴るの暴力を振るっていたことが明らかでしたので、範囲を大きく広げた事実で起訴しました。

◆この事件から教えてもらったこと――自分がやらなければ誰がやるのか

Bの裁判のてん末を話しますと、法廷でBは、起訴された事実を全面的に認め、Aさんの供述調書も、証拠として取り調べられました。そして、これまで刑罰を受けたことがない人の場合、「初犯」として、社会内で更生させるための執行猶予《しっこうゆうよ》が付けられる(一定の期間、罪を犯さなければ刑務所に入れられずに済むことになります)ケースも多いのですが、この事件では、あまりにもひどい暴力を振るっていたことが明らかになりましたので、Bは、執行猶予が付かずに刑務所に入ることになりました。

私は、裁判が終わった後、Aさんから、ありがとうございましたと感謝の言葉をいただき、感激して泣きそうになったのですが、お礼を言うべきなのは私のほうでした。

というのも私は、Aさんから遅ればせながらも話を聴かせてもらったおかげで、担当する事件と真摯に向き合うことの大切さを学ばせてもらったからです。

検察官が頑張らなければ、目の前で苦しんでいる人や、声を上げたくても上げられない人を誰が助けられるのだろうかという重い使命と責任を強く感じました。

この事件を通じて、自分がなぜ検察官になりたいと思ったのか、困っている人を助けて人の役に立ちたいと思ったからではなかったかと心に刻むことができました。

もっとも、あれから十数年が経ちますが、今でも、あの時、こうしていたらもっと良かったのではないか、こういう捜査もするべきだったのではないかと、何度も考え直しています。そういう意味で検察官の仕事は、一つの正解があるわけではなく、真実はどこにあるのか、どうすれば真実にたどりつくことができるのか、どうすれば犯罪の被害によって苦しんでいる人を助けることができるのかを目の前の事件に応じて常に探求していく仕事なんだろうと思います。

◆検察官は忙しい？

検察官は、日々、担当するさまざまな事件を通じて被疑者、被害者らと真摯に向き合って仕事をしています。検察官の仕事は、例えば患者の命を預かる医師などと同じように、被疑者、被害者の人生を大きく左右する責任ある仕事です。限られた時間の中でやるべき捜査を遂げて処分を決めなければなりませんので、事件によっては夜や休日に人と会って話を聴くようなこともしばしばあります。

そして、中には、最初にお話しした「鬼平」ではありませんが、複数の検察官が長期間にわたり、それこそ忍耐強く知力を尽くして徹底的に取り組まなければ解決することができない、極めて難しい事件もあります。

そうしてみると、検察官は、基本的に忙しい職業であることは事実だと思います。また、日々、さまざまな犯罪と向き合い、被疑者や被害者の人生を左右する仕事であるだけに、それらの重圧から精神的に疲れることもある仕事かもしれません。

しかし、例えば、忍耐強い捜査の結果、真実が明らかになって事件が解決した時や、裁判の結果、被害者から感謝の言葉をいただけた時などに得られる安堵感《あんどかん》・達成感は、この上なく大きなものがあります。

私の場合、仕事が忙しくて疲れた時には、昔、Aさんから話を聴いた時に抱いた気持ちを思い出すようにしています。なぜもっと早く彼女から話を聴かなかったのかと恥ずかしく思った気持ちと、ここで検察官として頑張らなければ誰がやるのかという気持ちを思い出して、自分を奮い立たせています。

◆仕事と家庭

ここまでの話からは、私のことを仕事のことばかりを考えて生きている仕事人間と思われたかもしれません。

検察官は、真相の解明に当たるべき使命と責任が求められていますので、担当する事件に全力を尽くすという意味では、仕事人間だと思います。

しかし、私は、職場を出て、家にすっとんで帰った途端、ガラリと変わって三人の子どものパパに変身します。私は、妻と共働きで、三人の幼児を育てながら生活しています。

まだまだ男性の検察官として、数は少ないのですが、二人めと三人めが生まれた後、それぞれ育児休業を数カ月間、取得しました。

もう少しで「平蔵」と名付けられるところだった三人めの息子の時は、妻が復職するのと入れ替わりで、私が育児休業期間に入り、一人で専業主夫業に励んで、朝から晩まで家事に追われながら、三人の子どもたちを追いかけ回すてんてこ舞いの生活を送りました。

そのおかげで、私の家事・育児能力は飛躍的にアップし、妻からは、「夫力」が上がったねと褒められています。例えば、短時間で料理を手早くつくることができるようになりましたし、子どもが泣いてもうまくあやし、自分が寝てしまうことは多々ありながらも、寝かしつけも上手になりました。

育児休業を取得したことから、子どもたちはパパにとても懐《なつ》き、多くの時間を一緒にいることで、子どもの成長を日々感じることができました。もっとも復職するのと同時に、子どもといられる時間はどうしても減りますので、最近では、仕事と家庭・育児の両立に四苦八苦しているところです。それでも、今後とも検察官としての職責を誠心誠意果たすとともに、家庭を大切にして育児も頑張っていきたいと思っている今日この頃です。

おわりに

私は、「検察官」という職業に憧れて検察官になりましたが、この仕事を選んで本当に良かったと思っています。それは、個々の事件を通じて、さまざまな悩みや問題に直面することがありながらも、困っている人や苦しんでいる人たちの役に少しでも立つことができる仕事だと思うからです。

当たり前のことですが、人間は一人で生まれて一人で生きているわけではありません。仕事にしても、家庭・育児にしても、誰かのために何かをするということはとても大切で、自分を高めてくれることでもあると思っています。将来の進路を迷われている人の中で、検察官の仕事に少しでも興味や関心を持たれた人がいたならば幸いです。

検察官

最高に楽しい！
「検事」という仕事

鈴木朋子

すずき・ともこ

慶應義塾大学法学部法律学科在学中の1996年，司法試験合格．大学を卒業した97年4月より最高裁判所司法修習生．その後，東京・福岡・静岡・さいたま各地方検察庁検事．2005年，イリノイ大学ロースクール修士課程修了(LL. M.)後，法務省刑事局付検事(裁判員法の一部改正や裁判員制度広報などを担当)．11年より名古屋・千葉・東京各地方検察庁検事を歴任(この間，シンガポールで育児休業を取得．現地のローファームやシンガポールポリスで研鑽《けんさん》)．現在，東京高等検察庁検事兼慶應義塾大学大学院法務研究科教授．

◆ぜったい、弁護士になるぞ!!

証言台で得意げに目撃状況を語る証人。

その証言の矛盾をついて迫る弁護人。

それまでの自信満々の表情から顔色が変わり、答えに詰まる証人。

そして、弁護人からとどめの一言。

「真犯人は、あなただ!!」

泣き崩れる証人……。


「か、かっこいい……。こ、これだ!!」

弁護士が活躍するサスペンスドラマを見て弁護士に憧れたのは、私が小学三年生の時でした。近くの本屋に駆け込み、「弁護士になる方法」といった本を手に取りました。

「げっ！　なんだか、難しそうだな」

当時の私の成績は、体育を除いて、「下の上」クラス。授業中も休み時間のことばかりを

七五三（7歳）の折に，お気に入りのうんていにぶら下がってポーズをとる筆者．とにかく，外遊びが大好きな子でした

考えて過ごすような生徒でした。

「ちょっと、無理かも……」

そう思いながらも、憧れの職業として「弁護士」が心に刻まれました。

そんな勉強嫌いの私を小学四年生の時の担任のM先生が変えてくれました。どんな内容でも勉強したことを一冊の「自習ノート」に書いて先生に渡すと、丁寧なコメントをつけてくれました。これが、俄然《がぜん》、私のやる気を引き出しました。先生のコメントが楽しみで、自分から進んで自習ノートに勉強するようになりました。それから、私の成績は、ググッと伸びたのです。

そうして、大学受験の時期を迎えました。「心理学も楽しそう」「歴史も好きだしなぁ」などといろいろと悩みましたが、結局、小学三年生の時に心に刻まれた「弁護士になりたい」という思いが忘れられませんでした。母から「女性は資格を持っていたほうがいい。結婚や子育てでキャリアが中断しても、資格があれば、また働けるじゃない」と言われていたことにも背中を押され、法学部に進学しました。

しかし、大学で体育会馬術部に所属したため、明けても暮れても馬一色。二年生になってから、少しずつ司法試験の勉強を始めました。そして、四年生の時に初めて受けた司法試験で、まさかの合格。法律家への道を歩み始めることになったのです（なお、今は、法科大学院を卒業してから司法試験を受験するのが一般的です）。

司法試験に受かると、司法修習生になります。司法修習生は、全国各地に散らばり、その地の裁判官、検察官、弁護士に付いて、それぞれの仕事を実際に体験しながら、自分の進路を決めていきます。

私は、もちろん、弁護士希望。修習中、「弁護士になって困っている人を助けたい！」とか「大手の事務所に入って留学するのもかっこいい！」などと夢を膨らませながら就職活動をし、都内の大手弁護士事務所から内定をいただきました。

しかし、念願の弁護士になれることが決まったというのに、私は、何か、「もやもや」したものを抱えていました。本当に、この仕事が、私のしたかったことなのか……？と。

弁護士は、依頼者を全力で守るのが仕事です。時には、誰も味方をしてくれないような依頼者であっても、唯一の味方となり、全力で闘います。とても魅力的で、重要な仕事です。でも、「この人は間違っているのでは？」とか「この人は嘘をついているんじゃないか？」と思いながら、「この人は正しい」と主張しなければならないこともあり得ることが、私には合わなかったようなのです。それが、私の「もやもや」を生み出していました。

◆検事の魅力にはまる

そんな思いを抱えながら、弁護修習、裁判修習を終え、検察修習が始まりました。

「検察官？　殺人とか、強盗《ごうとう》とか、刑事事件ばかりやるんでしょ？　全然興味なし！」そう思っていた私は、検察修習に期待はしていませんでした。

ところが……。

検察修習では、実際の刑事事件を扱い、被疑者の取調べや参考人からの事情聴取、事件現場の確認などを行うのですが、これが、私にピタッとはまりました。最初は、まったく真相が分からない事件でも、捜査を進めていくと、まるで、霧が晴れていくように、事件が見えてくるのです。とてもスリリングで、ワクワクしました。知りたいと思ったことがあれば、現場に行ったり、被疑者や参考人から話を聞いたりして、納得のいくまで捜査できました。気がつくと、私は、時間も忘れ、夢中になって、捜査に没頭していました。「こんなに夢中になれる仕事があるんだ！」そう思いました。

そして、「もやもや」を抱えていた私を何よりも引きつけたのは、「検事は自分の正義感に素直に従える仕事だ！」ということでした。

検事は、捜査をしながら、その人を起訴するかどうか、つまり、裁判にかけるかどうかを決めます。この人が犯人に違いないと思い、裁判で立証できる証拠がそろえば、起訴します。犯人であるとの証拠がそろわず「犯人ではないかもしれない」と思えば、起訴しない、つまり「不起訴」の判断をします。また、「犯人に間違いないけれど、裁判にかけずにもう一度社会でやり直すチャンスを与えるべきだ」と思えば、不起訴にします。

検事は、捜査をし、証拠を見て、「これが「正義」だ」と思う自分の気持ちに素直に従って判断をするのです。

検事は、事件について、誰かからお金をもらっているわけではありません。「公益の代表者」(検察官法四条)として、社会全体の利益のために働くのです。つまり、「誰かのため」ではなく「みんなのため」。自分の良心に従って、中立の立場で、被疑者にとっても、被害者にとっても、社会にとっても、最良と考える判断をするのです。自分に嘘をつく必要がない。むしろ、自分に嘘をつく判断をしてはいけないのです。こんな仕事は、めったにありません。しかも、事件に遭って苦しむ被害者の気持ちに寄り添い、犯罪被害を乗り越えて立ち直るための力になることもできる。また、事件を起こした被疑者の更生に向けたお手伝いもできる。被害者はもちろん、時には、被疑者からも感謝してもらえる。

「これだ！　私がやりたかった仕事は、これしかない‼　検事になりたい‼」

まさに「見つけてしまった！」という感じでした。そう思った時、私の中の「もやもや」は、きれいに消え去っていました。

そして、一九九九年四月、私は新任検事として、検事の道の第一歩を踏み出したのです。

◈「捜査」とは？

検事の仕事は、「刑事事件の捜査・公判」です。刑事事件とは、簡単にいうと、「犯罪」と呼ばれるものです。万引きや交通事故のような身近な犯罪から、殺人や強盗殺人のような凶悪事件、贈収賄や脱税などの経済犯罪まで、検事は、あらゆる「犯罪」を扱います。

では、捜査とはどのようなものなのでしょうか。

捜査の目的は「真相の解明」です。

すでに起きてしまった事件について、さまざまな捜査手法を駆使して証拠を集め、「誰が真犯人なのか？」「どうしてこんな事件が起きたのか？」といったことを明らかにしていくのです。

被疑者や参考人から話を聞く「取調べ」、犯行現場に残された証拠を収集する「現場検証」などのほか、携帯電話の通話履歴や銀行口座の取引状況を照会したり、防犯カメラを分析したりします。ＤＮＡ鑑定などの科学的な捜査方法も増えています。

検事は、「捜査のプロ」なのです。よく「捜査」というと、「それって、刑事さんの仕事でしょ？」と言われることもあります。

実は、刑事にも、私たち検事にも、捜査する権限があります。そして、多くの事件では、検事は、刑事と一緒に、協力しながら、捜査を進めていきます。

一番の大きな違いは、検事には、被疑者を起訴するかどうかを判断する権限があり、起訴した事件について、裁判で有罪を立証していく責任がある、ということです。つまり、検事は、「法律のプロ」として、捜査に関わるのです。

検事が刑事に「目撃証言が必要だから、目撃者を探してください」とか「念のため、DNAも鑑定しておいてください」などと依頼することもあります。また、最終的な起訴・不起訴の判断をするためにも、刑事とは別に、検事自ら、被疑者や被害者を取り調べたり、現場を確認したりします。

凶悪重大事件などでは、何十人、何百人という刑事が捜査に加わることもあります。そうした事件において、優秀で熱意ある刑事の方々と一緒に捜査し、犯人を検挙して、真相を解明していくことは、検事の仕事の醍醐味《だいごみ》の一つでもあります。

他方、政治家の汚職事件などは、検事だけで捜査をすることもあります。「独自捜査事件」といわれ、「東京地検特捜部」などがそうした捜査を行っています。

このように、検事は、法律家の中で唯一「捜査」ができる職種なのです。

◆「有罪率九九・九％」の本当の話

検事は「公益の代表者」として捜査をします。

逮捕されただけでは、本当にその人が犯人かどうか分かりませんから「犯人ではないかもしれない」と考えながら、捜査をしていきます。

そして、「犯人であることを示す証拠」だけではなく、「犯人でないことを示す証拠」も集めていきます。むしろ、誤って起訴しては大変ですから、犯人でないことを示す証拠こそ、大切で、慎重に検討する必要があるのです。

ところで、みなさんは「日本の裁判の有罪率は、九九・九％」という話を聞いたことがありますか？　この数字は、批判的な意味合いで使われることがあります。例えば、裁判所が検察官の起訴を追認して安易に有罪にしているとか、本当は無実の人が有罪にされているかのようなニュアンスで使われるのです。

しかし、検察官が扱う刑事事件の中で、起訴される割合は、約四割。六割近くは、不起訴になっています。確実に有罪を立証するだけの証拠が集まらなかった場合や犯人には間違いないけれど、再度、社会でやり直すチャンスを与えるべきだと判断した場合など、六割近くが不起訴になっているのです。

しかも、起訴された事件の多くは被告人自身が罪を認めている自白事件です。

つまり「有罪率九九・九％」は、検事が起訴するかどうかをとても慎重に判断していることや、起訴された事件も、多くは被告人が罪を認めていることなどから、このように有罪率が高くなっているのです。決して、無実の人を有罪にしている……というわけではないのです。

◇公判は、事件を「伝える」場

起訴されると、事件は、捜査段階から裁判所で裁判が行われる「公判」段階に移ります。みなさんも、ドラマの裁判シーンやニュースで、法廷で裁判官や検事が座っている映像を見ることがあると思います。

検事は、起訴した事件について、裁判所で行われる公判で、その人がどのような罪を犯したのかを明らかにし(これを「立証」といいます)、その人が犯した罪にふさわしい刑を求めることになります(これを「求刑」といいます)。

具体的には、防犯カメラ映像や凶器などの証拠品を提出したり、取調べで得た供述《きょうじゅつ》の内容をまとめた「供述調書」を読み上げたり、被害者らに証人として証言してもらったりして、事件を明らかにしていきます。

公判には、裁判官・被告人はもちろん、被害者や遺族、被告人の家族、マスコミ関係者が傍聴《ぼうちょう》していることもあります。

公判は、裁判官だけではなく、こうした人々に、捜査で明らかになった事件の真相を伝えていく場でもあるのです。

ところで、検事というと、「重い刑を求める」というイメージを持たれがちですが、実際は、被告人にとり、有利な事情と不利な事情の両方を考えて、重すぎず軽すぎない刑を求めています。

時には、執行猶予《しっこうゆうよ》といって、一定の期間、再度罪を犯さなければ刑務所に行かなくて済むという判決を求めることもあります。

以前、私が担当した育児ノイローゼになった母親が無理心中しようとした事件。

母親であるAさんは、障がいのある二人の子を必死に育てていたのですが、その負担に耐えられなくなり、子ども二人とともに自殺を図りました。

一人の子は亡くなり、もう一人の子も大けが。Aさん自身も半身不随になりました。何の罪もない子を殺し傷つけた事件ですから、長期間の服役が通常です。

しかし、Aさんは、誰よりも子どもたちを愛し、自分が犯した罪を心の底から悔いていました。私は、Aさんを不起訴にすることも考えました。

しかし、無理心中以外にも、Aさんが取り得た手段はあったはず、という思いや、何らかの責任を取らせないと、Aさんが自分の犯した罪を受け止めきれず、再び自殺を図ってしまうのではないか……という不安もありました。

私は、Aさんを起訴しました。

そして、公判で、私は、一人の子を殺害したという罪の重さに触れつつも、Aさんが誰よりも子どもを愛し、必死に育ててきたこと、生き残った子もAさんの帰りを待ち望んでいることを述べて、裁判官に対し、執行猶予の判決を求めました。

Aさんは、求刑通り、執行猶予の判決を受け、私に、泣きながら深々と頭を下げ、車椅子で子どもが待つ自宅に帰っていきました。

決して、重い刑を求めることが検事の仕事ではないのです。

裁判というと、堅苦しくて分かりにくいイメージを持たれることがありますが、特に、裁判員裁判では、法律のプロではない裁判員の方々に理解してもらう必要があるので、スライドを使ったりしながら、とても分かりやすく裁判が進んでいます。

公判は、誰でも自由に傍聴することができますから、ぜひ一度、刑事裁判を傍聴に来てください。ドラマ以上に興味深い事件にめぐり合えるかもしれません。

◈被害者とともに――忘れられない卒業アルバム

検事は、捜査・公判を通じて多くの人々に出会います。被疑者であれ、被害者であれその多くは、「犯罪」という非日常の世界に直面し、怒り、悲しみ、将来の不安に苛《さいな》まれています。私は、検事とはそうした、いわば極限の状況にある人々と向き合い、その話を聞き、その人たちの将来を、ともに考える仕事であるとも思っています。

以前、とても悲惨な被害に遭った小学生の女の子Bさんの事件を担当したことがありました。Bさんは、心と体に大きな傷を負って入院していて、事件のことなど、とても話せる状態ではない、とのことでした。

私はこの事件の担当になってから、毎日のように、Bさんの病院にお見舞いに行きました。最初の頃は、事件のことは一切話さず、学校のこと、好きなタレントのことなどを話していましたが、徐々に、検事とはどういう仕事なのか、なぜ私が検事を志したのかなどを話していき、時間をかけながら、Bさんと人間関係を築いていきました。Bさんは、徐々に、事件の話をしてくれるようになりました。

事件のことになると、Bさんは、フラッシュバック、つまり、事件当時のことが急によみがえってくるという現象に苦しみながらも、必死に話をしてくれました。担当医も「Bさんは、自分が受けた被害から自分の力で立ち直ろうとしているんです」と言って、応援してくださいました。Bさんの懸命の努力のおかげで犯人は、長期間、服役することになりました。

そして、犯人が刑務所に入ると、その安心感からBさんは一気に回復して通学も始め、時々、会いに来てくれるほど元気になりました。

その後、お母さんが見せてくれたBさんの卒業アルバムには「将来の夢、検事」と書かれていました。

◆被疑者とともに——立ち直りを願って

私は、ある地検で「社会復帰支援担当チーム」のチーム長をしていたことがあります。誰の社会復帰を支援するのかというと、被疑者の社会復帰です。

「検事が被疑者の社会復帰を支援するの?」と不思議に思う人も多いのですが、検事は「公益の代表者」ですから、社会に戻る被疑者が二度と罪を犯さないよう、必要な支援を行うこともあります。

その時に支援した一人が、高齢で一人暮らしをする被疑者Cさんでした。Cさんの唯一の楽しみは、競馬。ある時、競馬で大負けして生活保護費を使い果たし、食料品を万引きして逮捕されてきました。

幸い、被害者側が重い処罰を望んでいなかったことなど、Cさんに有利な事情もあり、今回は、不起訴にすることになりました。しかし、そのまま釈放しても、同じことの繰り返しになり、最終的には、刑務所と外の世界とを行ったり来たりすることになる可能性も考えられました。私たちは、Cさんがなぜ競馬と万引きを繰り返してしまうのか、その原因を探ることにしました。

詳しく調べていくと、Cさんは、人づき合いが苦手で、家族も友人もいないさみしさを、競馬で紛らわせていたのです。Cさんには「居場所」と「生きがい」が必要でした。支援担当チーム所属の社会福祉士とも協議した結果、Cさんに、とある福祉施設への入所を勧め、釈放当日、検察事務官とともにCさんを施設まで送り届けて別れました。その際、「お世話になりました」と深々とお辞儀したCさんの姿が印象的でした。

その後、Cさんは、調理の腕を見込まれ、その施設の調理担当として大活躍、生き生きと働くようになり、いつの間にか、競馬場に行くこともなくなりました。

時には、犯罪の背景にある原因を探り、再犯を防ぐための支援をすることも、検事の大切な仕事の一つなのです。

◆実は幅広い検事の仕事

ここまで、刑事事件の捜査・公判について話をしてきましたが、実は、検事は、その他にも「国の法律家」としてさまざまな仕事をしています。

私自身も、法務省の刑事局という部署で、「行政」の仕事をしたことがあります。いわゆる「官僚」の仕事です。

そこでの検事は、法務大臣のもとで、主に刑事関係の法律案を作成したり、政策を考えたりする仕事をします。国会議員と接することも多く、国会で法務大臣の後ろに座り、大臣を補佐することもあります。私自身は、裁判員法の改正法の立案や裁判員制度の広報に携わりました。

捜査・公判とは全く違いますが、これまた、とても面白い仕事です。

「法律って、こうやってできていくんだ！」「政治家って、こういうことを考えているんだ！」「国って、こうやって動いているんだ！」など、ダイナミックに動く国の中枢を見ることができるとても貴重な経験でした。広報に携わっている時には、テレビやラジオに出演したり、新聞や雑誌の取材を受けたりし、マスコミの世界を垣間見ることもできました。

他省庁への出向もありますし、法科大学院の教授として、司法試験を目指す大学院生に刑事法を教えるという仕事もあります。現在、私は、検事の身分のまま、法科大学院で刑事法を教えています。

◈広がる国際的な活躍の場

検事は、国際的にも活躍しています。

外務省に出向し、海外の日本大使館で外交官として勤務している検事も多くいますし、カンボジアやラオス、ミャンマーなど、法律が十分に整備されていない国に滞在し、そうした国の法律づくりを支援している検事や国連で活躍している検事もいます。

留学も盛んで、アメリカ、イギリス、フランス、ドイツ、韓国、中国などの多くの国々に検事が留学しています。私自身、法務省からの派遣で、アメリカのロースクールに留学したり、アメリカの捜査方法を調査するため、ワシントンに長期出張して、司法省の検事やFBIの捜査官にインタビューしたりしたこともありますが、本当に驚きの連続でした。日本では考えられないような大胆な捜査手法があり、多発する犯罪と闘うダイナミックなアメリカの司法制度に、度肝《どぎも》を抜かれました。国連の「証人保護プログラム」に関する専門家会議に日本代表として参加したことも、貴重な経験でした。

日本にいると、日本の制度や法律が当たり前に思えるのですが、海外に出てみると、全く違う世界が広がっていて、発想が柔軟になり、視野が一気に広がりますし、母国以外でなんとかやり抜いた経験は、私をひとまわり逞《たくま》しくしてくれました。海外での経験やその際に得た友人は、今でも私の財産です。

◆こんな私のプライベート

さて、よく学生のみなさんから聞かれるのが「検事って、忙しそう。転勤もあるし、結婚や子育てと両立できるんですか?」とか「出会いってあるんですか?」という質問です。

まずは転勤について。東京生まれ東京育ちの私。「広島修習」が決まった時には、東京から離れたくなくて大号泣。でも、広島での生活が二週間を過ぎた頃には「広島って、最高！」。地元に友だちがたくさんできて、本当に楽しい日々を送り、広島を離れる時には、離れがたくて大号泣するほどに……。その後も、福岡、静岡、アメリカ、名古屋など、転勤を続けてきました。

転勤をして思ったのが「転勤、最高！」ということ。東京に住んでいるだけでは得られない経験の目白押しでした。

転勤が決まると、まずは、友だちに「今度、福岡に行くことになったんだけど、福岡に友だちいない？」などと一斉メール送信をして、転勤先に住んでいる友だちを紹介してもらいます。そうすると、簡単に転勤先に友だちができ、あとは、その人を通じて次々と友だちが増えていきます。

転勤先に友だちの友だちがいなくても、一人で、ちょっと素敵なお店に通っているうちに、お店の人やお客さんと友だちになり、やはり、自然に友だちは増えていきます。そうなると、転勤は本当に楽しくなります。転勤は、「出会いの宝庫」なのです。私は、転勤先で出会った人と結婚して今に至ります。

また、検事の中には、検事や裁判官、弁護士といった法律家同士で結婚している人も多くいます。

次に、「仕事」と「結婚生活や子育て」の両立についてです。

結婚後のある日、夫がシンガポールに転勤することになりました。ちょうどその頃、子どもが生まれたこともあり、育児休業を取り、シンガポールで家族で暮らしました。

その間、現地の法律事務所やシンガポール警察で刑事実務の実情などを教わる機会にも恵まれ、現地の刑事手続を勉強したりしながら、結果としてとても充実した生活を送ることができました。育児休業を終えて、子どもとともに帰国して復職したので、シンガポールにいる夫とは離れて生活していますが、両親やベビーシッターのサポートも得て、子育てを楽しみつつ仕事を続けています。

そして、仕事をしながら出産・子育てをして得た経験を踏まえ、妊娠・子育て中の職員が働きやすい職場環境を整えるといった仕事に携わったこともありました。

他方で、仕事をしながらの子育てで、子どもにさみしい思いをさせているのでは……という思いもありました。ある時思い切って、まだ保育園児ではありましたが、息子に私が仕事をしている姿を見せてみようと思い、私の公判を傍聴させたことがありました。幼い息子がどこまで理解してくれたかは分かりません。それでも目を輝かせて「ママ、かっこよかった！」と言ってくれました。以来、息子は私の仕事を誇りに思ってくれているようです。働く姿を見せておくことも、重要なんだと思いました。

確かに、刑事事件を扱う検事の仕事は、忙しく、予定が立ちにくいこともあります。しかし、短時間勤務など育児や介護にも配慮したさまざまな制度が導入されるなど、働きやすくなっていますし、研究や調査の仕事などもあり、家庭の事情に配慮した配置もなされ、多くの検事が、仕事と家庭を両立させて充実した生活を送っています。

◆おわりに

検事になって二〇年近くがたちました。

検事を志した時の「これだ！　これしかない!!」という感覚や、初めてお給料を頂いた時の「こんなに楽しい仕事をして、お給料をもらっていいの？」という感覚は、今でもそのままです。

検察庁という組織も大好きです。言いたいことをズバズバ言っても、それを受け入れてくれる度量のある組織です。

先輩・後輩検事も、また、検察事務官も、「いいことはいい。悪いことは悪い」と言える竹を割ったような性格の人が多く、働きやすい職場です。

大好きな検事の仕事を、これからも続けていきたいと思っています。

おわりに、検事になりたいと思っている方はもちろん、将来の道に迷っている方に一言。

まずは、自分がやりたいと思う道をまっすぐに進んでみてください。進んだ先にハードルや壁があるかもしれないと思って、進みたい道をあきらめることは、しないでください。

私は、やりたい道を進み、そこで壁にぶつかれば、その時に、どの道に進むかを決めればいいと思っています。進んでみたら、運よく、そこに壁はないかもしれないし、壁があっても、意外と簡単に乗り越えられるかもしれないのです。

私自身、これからの人生で、どのような壁に出会うか分かりません。でも、壁にぶち当たれば、その時に考えればいいと思っています。

この世界は、最高に面白く、刺激的で、さまざまな可能性が広がっています。「ちょっとハードルが高いな」と思っても、ぜひ、そのチャンスをつかみ取ってください。

世界は、自分の手で、いくらでも広げていくことができるのです。

検察官

ウィーン行きの飛行機の中で

浦岡修子

うらおか・なおこ

東京都生まれ．中学に入学後，父親の転勤で渡米．現地の高校を卒業後，帰国．東京大学法学部卒業．2006 年，検察官任官．その後，東京，横浜，さいたま，千葉，静岡の地検に勤務し捜査・公判に従事．2015 年 7 月から外務省に出向，現在に至る．

私は今、ウィーン行きの飛行機の中で「検事」の仕事を紹介するこの原稿を書いています。ウィーンには刑事司法に関する国連機関(国連薬物・犯罪事務所＝UNODC：United Nations Office on Drugs and Crime)があり、日本の代表団としてその会議(犯罪防止刑事司法委員会＝CCPCJ：Commission on Crime Prevention and Criminal Justice)に出席するのです。そこでは、刑事司法分野について各国から提案された議題などについて議論をしています。また、二〇二〇年の東京オリンピック・パラリンピックの前には国連犯罪防止刑事司法会議(コングレス)が日本(京都)で開催されることになっています。コングレスは、五年に一度開催される刑事司法分野における国連最大の会議です。その会議に向けた準備作業も行っています。

「検事」というとみなさんは、取調べや裁判で怖い顔をして厳しいことを言う人なんて思っているかもしれません。今までの私も(怖い顔をしていた意識はありませんが)、殺人犯や強盗犯《ごうとうはん》、覚醒剤《かくせいざい》密輸犯、オレオレ詐欺《さぎ》集団、暴力団、脱税犯などを相手に取調べをし、警察と一緒になって捜査を行い、起訴した事件について法廷に立ち続けてきたバリバリの「検事」でした。

そして、もちろん私は今も「検事」ですが、ここ数年は、事件の捜査や裁判ではなく、外務省に出向しています。外務省では、国連に対応する業務や諸外国との犯罪捜査協力などを担当しており、各国の担当官と交渉するために世界中を飛び回ったり、国際組織犯罪防止条約の担保法となる法律の成立に向けて日々国会に通ったりしています。

ウィーンをはじめ、日本が締結している女子差別撤廃条約などの条約審査が行われる人権に関する国連機関のあるジュネーヴ、国連本部のあるニューヨーク、そのほか国連腐敗防止条約の締約国会議出席のためにロシアのサンクトペテルブルグ、ブラジルなどさまざまな国を訪れました。

サンクトペテルブルグでは，日本代表としてスピーチ

ウィーンのスカッと晴れた青い空に、国連のカラフルな各国の旗がたなびいている様子が目に飛び込んでくると、日本国代表の一員として仕事をしているのだなと思い、国会において法案について熱い議論が交わされているのを目の当たりにすると、国の仕事をしているのだな、と実感します。検事って本当にいろんな経験ができる仕事なのだなと思います。

外務省に出向している検事の中には、アメリカ、イギリス、フランス、ドイツ、中国、韓国の日本大使館、そしてウィーンやジュネーヴなどの日本政府代表部に一等書記官として赴任している検事がいます。また、ミャンマー、ラオス、カンボジア、ベトナムなどの国で法制度の整備を支援する専門家として働いている検事もいます。日本の検事は世界中にいるのです！

あらゆる事件の捜査・公判に従事し、その経験と法的能力を世界で駆使する、そんなダイナミックな「検事」という仕事について、これからいろんな夢を持って未来へ進んでいくみなさんに紹介してみませんか、というお話をいただいた時、ぜひとも伝えたい！と思いました。なぜなら、私は、検事として生きる道を選んだ自分を素直に幸せだと思うからです。みなさんにも、自分にとって魅力的で大好きだと思える仕事にめぐり合ってほしい、そんな気持ちで改めて自分が検事になるまでの日々を振り返る時、検事になったのも、なってからの自分も、みなさんと同じ年頃の私が、日々悩んだり迷ったりしながら経験して感じたことに原点があると思うのです。

◆アメリカでの中高時代

実は、私の小学生の時の夢は大好きな漫画を描いていたいという理由で漫画家でした。ケント紙とGペンまで買っていつも漫画を描いていました。やがて、中学受験をして都内の中高一貫校に進学するのですが、中学二年の時に父の転勤でアメリカへ行くことになります。

当時、日本ではビバリーヒルズが舞台のハイスクールドラマがはやっており、そんなキラキラした生活に憧れながらスタートしたアメリカの生活でしたが、実際は、自分が日本では実感することのなかった孤独な日々を経験することになりました。

日本ではいつもたくさんの友だちに囲まれていました。けれど英語をまともに話せず、アメリカの中学生が興味のあることも知らない私は、話しかけることもできなければ、声をかけてくれる人がいても、何を話していいのか分かりませんでした。友だちってどうやって作っていたのだっけ、とそれまで考えたこともなかったことを真剣に悩む日々が続きました。日本では心待ちにしていた友だちとおしゃべりする休み時間も、転校してからはどう過ごしていいか分からない孤独を感じる時間でしかなく、その時間がくるのが怖くて仕方ありませんでした。日本では、勉強もできるほうでしたが、授業も試験もすべて英語ですから、当初はついていけず「できない子」と認定されていたと思います。日本では普通にあった自信も、喪失していくばかりでした。アフリカ系やアジア系の人は数えるほどしかいない白人ばかりの学校で、何にも話さない変な日本人がいる、とみんなが笑っているように思えました。

今思うと英語ができないのは当たり前なのだからそんなに悲観的にならなくても、と当時の私に言いたくなりますが、友だちもいない、勉強もできないということは、一四歳の私には絶望そのものだったのです。それまでの自分と正反対の自分の姿にどうしていいのか分からない私の感じた孤独は、宇宙に自分しか存在していないような、ブラックホールに飲み込まれるような途方もないものでした。私は、こんな苦しい思いがあるのだ、こんな孤独な思いがあるのだと痛いほど感じる日々を過ごしました。

そして、この時、私は自分に誓ったのです。どんな人のことも色眼鏡で見ず、その人の話がどんなものであっても、伝え方がどんなものであっても、向き合ってちゃんと聞くようにしよう、公平に理解するようにしようと。その時の自分がそうしてほしいと願っていたから、私はそういう人間になろうと思ったのです。この時期に、私は、「相手の立場にたって考える」という、検事にとって、とても大切な姿勢を学んだと思っています。

そんな孤独な生活の中にいた私を救ってくれたのは、大好きだった絵とピアノでした。まさに「芸は身を助ける」であり、「芸術は言葉の壁を越える」経験でした。もともと漫画家になりたかった私は、絵を描くことが大好きで、ピアノも小さな頃から続けていました。私はそれらに打ち込みました。すると美術の先生が私の才能を発揮する機会をどんどん与えてくれ、学校には私の作成した壁画や彫刻が飾られ、ピアノや絵で全米大会の賞を取るようになりました。私は、静かなアジア人から、友人いわく、「静かだけど凄い才能を持つ人」として認知され自信を取り戻していくことができたのです。一芸持っておくのも大事だという経験です。

そんな私もしだいに語学力を身に付け、何でも話し合える友だちもでき高校に進学しました。アメリカの高校では、大学の単位を先取りできる専門的なクラスをとることができるのですが、そこで私は米国最高裁判所の判例を学びました。これが初めて法曹というものに興味を持つきっかけになりました。私は、たくさんの判例を読み込む中で、各事件における最高裁判所判事同士の意見のぶつかり合いなどから、一つの事実に対しても、その時代や人によって見方が異なることを学びました。有名なアメリカの判例で一八九〇年代のプレッシー対ファーガソン裁判というのがあります。これは、当時、公共施設(とくに鉄道の車両)が白人専用、黒人(colored)専用と分けられていたことにつき、「分離すれど平等(separate but equal)」主義のもと、人種差別に当たらないとした判例です。この時は、白人、黒人と分離された扱いでも、判事の多数が人種差別に当たらず合憲であると意見していました。しかし、この事実の評価は一九五〇年代のブラウン対教育委員会裁判で変わります。裁判では、黒人と白人の学生を分離した公立学校の設立は、黒人の子どもの平等な教育の機会を否定しており、憲法に反すると判示したのです。

最高裁判所の判事といえば経験豊かで思慮深い人たちの集まりだと思うのですが、その人たちの間でも事実のとらえ方は、一八九〇年代と一九五〇年代では、百八十度違ってしまう、その時代の背景、その人のそれまでの人生から築かれた価値観や経験で事実の見方が変わるということを知りました。神の目から見たような、誰からも文句を言われない真実を差し出してくれる存在がいれば争いはないのでしょうが、そんな存在はありません。事実は、私たち人間が、人類の歴史から学び培ってきた英知(ここには法も含まれるでしょう)を集結し、最大限の努力をもって追求しなくてはいけないことなのだと学びました。私は、そのための事実認定や事実の評価の方法が、とてもおもしろいと思い、興味を持ちました。また、同時に法はその国の歴史や文化、宗教や習慣によって異なり、それらが融合した人の生活の中から生まれるものだと感じました。法はただ「六法全書」などに記載されている活字ではなく、あらゆる場面で人の生活に関わり、その運用や解釈にはその法が生まれた前提となる人々の歴史があるのだなと。見た目は無機質な点のように見える法も、その「点」から覗いてみれば、大好きな音楽や美術の歴史や世界にも通じていく、ありとあらゆる分野につながっていくダイナミックな世界の産物だと思ったのです。

そうやって、私は、法の世界に興味を持ちますが、アメリカは法曹一元制《ほうそういちげんせい》(弁護士経験者から裁判官や検察官を任用する制度)であったことから、当時の私の頭は法曹イコール「弁護士」で、まだ「検事」ではありませんでした。

◆日本への一時帰国

さて、高校卒業を控え、このままアメリカの大学に進学するのか、日本に戻るのかという選択を迫られた私は、芸術への途《みち》もあきらめきれず、ロースクールに行くための学位と芸術の学位もとれる五年間コースが用意されているアメリカの大学への進学を決めました。そして、大学入学までの日々を日本に一時帰国して過ごすことにし、そこで中学校時代の友人たちに再会したのです。

それが私の転機になりました。

アメリカの高校は六月卒業なので、日本に一時帰国した時、私の友人たちは、既に大学生になっていました。大学のキャンパスに遊びに行った私を、友人たちは、「日本の大学においでよ！　楽しいよ！」と口々にすすめ、大学入試のためには予備校に入ったほうがいいとの考えから、そのまま近くにある予備校に連れていってくれたのです。さすが今や各界で活躍するみんな、当時からすごい説得力と行動力です。私は、すっかりその気になり、予備校にあった公衆電話で海外にいる親に電話連絡し、「日本の大学を受けてみたい」とお願いしました。当時、家族はアメリカに住んでおり、今後私がアメリカで生活するだろうとグリーンカードも取得し、大学に入学金も支払い、ルームメートも決まっていた状態でした。ですから、私のお願いはとても大変なものでした。しかし、両親は「やりたいことはやってみなさい」といつものように私の背中を押してくれたのです。そして、私は日本の大学で学ぶことになりました。この時も、その後も、つらいことや悩むことがあっても前へ前へと進んでくることができたのは、私のことを絶対的に信じてくれ、どんな時も支えてくれる両親のおかげだと心から思っています。

◆検事という仕事

検事として事件と向き合う時、いつも心にとめていることがあります。それは、悲しい事件に遭遇した被害者や遺族が、その人たちの人生の中で極限状態とも言うべき状況にあることはもちろんですが、事件を起こした被疑者(加害者)もその人生の中で非常に大きな出来事に向き合っているということです。そのような人の人生にとって重要な場面に立ち会いますので、いつもそれを理解し、また謙虚な姿勢で臨めるように気持ちを整えます。

検事は、ほとんどの場合、その人の最も触れられたくない事実について聞き出さなくてはなりません。とくに被疑者にとって検事である私は、自分を裁判にかけて処罰を求める人です。心をすぐに開いてくれることはそうそうありません。ましてや事件直後であれば、さまざまな感情が入り乱れている状態であることも多いので、ていねいに話を聞いていく必要があります。自分の犯した罪を悔いているのか、開き直っているのか、これからの人生がどうなるのか恐怖でいっぱいなのか……。そしてなぜ罪を犯してしまったのかを、事件の内容、その人の性別や年齢、経歴などから「自分がもしこの人だったら……」とその立場になって真剣に考えながら尋ねていきます。また、検事にとっては、目の前にいる被疑者が事件を犯していないのであればそのことを明らかにすることも当然の重要な責務です。ですから、事件を犯していないと被疑者が主張している場合でも真剣にその内容を聞き、しっかり捜査をします。

これはまさに検事としての重要な職責であり、またやりがいですから、限られた取調べ時間の中で信頼関係を築き、相手が「この検事には話そう」と思えるよう努力を惜しみません。この努力はマニュアルのない、苦しい試行錯誤の連続です。そこではまさに自分自身の経験や感覚をフル活用して、被疑者に向き合います。

ある電車内での痴漢《ちかん》事件がありました。被疑者は、今まで犯罪歴はなく、仕事も家族もある人でした。捕まった当初から彼は絶対にやっていないと主張していました。会社の上司や同僚、奥さんも彼は痴漢をするような人ではないと訴えていました。防犯カメラなどの決定的な証拠はなく、私は被疑者と被害者の話を徹底的に聞きました。日中は、検察庁で取調べをし、夜は被疑者の勾留《こうりゅう》されている警察署に行って話を聞きました。仕事や趣味の話は楽しそうにしてくれるのに、事件のことになると話そうとしない被疑者と、お互い一言も発さず、何時間も微動だにせず向き合うだけのこともありました。夢にも被疑者が出てきて、どうやって話をしてもらおうかとうなされながら週末も警察署に通って話を聞きました。そして、勾留期限ギリギリで、私は被疑者の言い分を調書にする手続を始めました。私は、彼に対して自分のすべてを出しきっていました。調書作成は、被疑者の目の前で、検事が被疑者の言い分をそのまま口頭で述べ、それを検事の横にいる検察事務官がパソコンで打つという方法で行います。私は、被疑者の言うとおり、痴漢はしていないという調書をとり始めました。パチパチと検察事務官が私の言った内容を打ち込んでいる時、「検事さん、違うところがあります」と被疑者がポツリと言いました。そして、被疑者は、痴漢をしたこと、痴漢をした理由、今まで本当のことを言えなかった理由を話し始めたのです。

彼には仕事もあり、自分を信じてくれている家族も会社の人たちもいました。痴漢を認めれば、失うものがあまりにも大きかったのです。しかし、彼は「検事さんが自分に真剣に向き合ってくれているのが分かった。嘘をつき通すことはできない」と話をしてくれたのでした。被害者への謝罪の言葉も聞くことができました。

被疑者の自白を引き出すことは、真実を発見する目的はもちろん、被疑者の真の更生につながると思っています。「心からの反省」は、人からお願いされたり、怒られたりして生まれるものではありません。その人が自分自身で、自分のためにも犯した罪を二度と繰り返したくないと思えるようでなくてはなりません。検事は、なぜ犯罪を起こしてしまったのかという原因も被疑者から話してもらうことにより、その手助けをするともいえます。それゆえ心から真摯《しんし》にかつ真剣に向き合う努力をしています。真剣さや真摯さは、本当にそう思っていないとすぐに相手に分かってしまうものだからです。とくに極限状態にいる人にとって、他人がその時どう向き合ってくるかは、その後の人生を左右するほどの意味を持つ重要なことだと思うのです。だからこそ私は真摯に向き合います。そして、私の目の前に来た人が、二度と同じ過ちを繰り返さないことを心に残してほしい。それが結果的に社会から新たな苦しみや悲しみを生まないことにつながる気がするのです。

この気持ちは、子どもが生まれてからより強くなりました。保育園に子どもを送ったり、ランドセルを背負って元気に小学校に出かける子どもを見送る時、そんな日常がどんなに幸せなことなのかを実感します。悲しいことはほうっておいても世界中で起きているのです。私は、自分の仕事を通して、子どもたちの生きる未来を少しでも良いものにしたいのです。

そして、そんな平和な日常をどうしようもない理不尽によってぶち壊されてしまう被害者がいます。大事な家族を傷つけられ、亡くしてしまう人もいます。その苦しみ自体を取り去ってあげたいけれど、時間を戻すことはできません。ただ、悲しく苦しい状況の中を一歩一歩何とか前に踏み出す、その力の一部になれればよいと思っています。被害者にとっては、検事こそが家族にも言えない苦しみを吐露《とろ》できる唯一の存在である場合もあれば、反対に被害者や遺族にとってつらく、思い出したくもないような事件について詳しく聞いてくる立場の人、という感情もあるだろうことも考慮しながら、事件について話を聞きます。

その結果、被疑者が「検事さんが真剣に私のことを考えてくれていることが分かったからです」と自白をするに至ったり、被害者が「検事さんに会えてよかった」と涙すると、必死にやってきてよかったと心から思えます。

しかし、検事が扱うのは刑事事件です。手続が終了し、事件が検事の手を離れても、事件関係者の苦しみは続きます。ある女性がいました。家計を支えるために働いている母親のかわりに、孫娘を生まれた時から育ててきたお祖母さんでした。その女の子は成人式を前に事件に巻き込まれ亡くなってしまいました。お祖母さんは裁判に出て、女の子が成人式を楽しみにしていたこと、今まで育ててくれたおばあちゃんに今度は自分がたくさん恩返しをするからね、元気でいてね、と桜の季節が来たら一緒に出かけようと言ってくれていたことを述べられました。「あの子にもう一度会いたい」とお話しされた姿を見て、私は胸が締め付けられる思いでした。法廷で検事は冷静であれ、涙は見せてはならないと教わりましたので、必死で涙をこらえていました。検事として担当していた裁判は判決が言い渡され終結しましたが、今もその方の人生を思うことがあります。

◈検事になる

なぜ検事になったのですか？　と聞かれると、今まで述べてきたようなお話をします。すると、「人が好きじゃないとできない仕事ですね」と言われたりします。そうです。人が好きで人を信じているから検事になりました。殺人事件でも万引き事件でも、何一つ同じ事件はありません。事件関係者は、各々の人生を歩んできた人たちなのです。私は知りたいのです。どうしてその事件を起こしたのか、どうしてこんな被害が生じてしまったのか、今何を思っているのか、これからどうしたいのか。「正義」の中身は、人によって違うかもしれない。でも検事が事件や人に真摯に誠実に向き合うことは、正義につながる。素直にそういう気持ちで日々仕事と向き合うことができる。これが「検事」です。

「検察官自身が自分の人生を全うしていなくては見えるものも見えてこない。各々の検察官自身の人生で培われた経験と感覚が、真実発見の道筋を照らす指針となるのだから」。私に任官を決意させた上司の言葉です。人生におけるあらゆる経験が検察官としての血となり肉となる。だから日々ていねいに、真剣に生きろ、あらゆることに真摯に向き合え、と言われたように思いました。経験は、自分とは違う生き方や感じ方をする人がいることを実感することであり、想像力がなければ、そうした人たちに向き合うことはできません。感性を磨き続ける大事さも言われたような気がしました。

今、私は家庭と仕事の両立や子育てに笑ったり悩んだりしながら、日々を送っています。これも大切な経験だと思っています。そして、外務省での仕事も私を成長させてくれていますす。こうした日々のさまざまな経験が、私を懐深い検察官にしてくれるはず、と願っています。同時に、これからも精進していきたいと思っています。

弁護士

刑事弁護の仕事

和田　恵

わだ・めぐみ

1982年東京都生まれ．千葉県で育つ．東京都内の高校を卒業後，一橋大学法学部に入学．2005年卒業．07年弁護士登録．東京都内の法律事務所に勤務した後，11年から14年まで，茨城県水戸市内の公設事務所(法テラス)に勤務．14年から翌15年まで，ロースクールUC Hastings(アメリカ，カリフォルニア州サンフランシスコ市)に留学．16年ニューヨーク州弁護士登録．同年から東京都内の法律事務所に勤務．

刑事弁護人と聞くと、みなさんはどんなイメージを持ちますか？　真犯人を自ら探し出し、法廷の場で華々しく依頼者の無実を証明する、そんな姿を描くテレビドラマもあります。しかし、それはあくまでフィクションです。一方で、「人を殺したり傷つけたり、悪いことをした人をなぜ弁護するの？」「悪いことをした人は、刑務所に行くのが当然！」と思う人もいるかもしれません。

刑事弁護は、罪に問われている人を弁護し、正義を実現するという仕事だと私は考えています。私がなぜ弁護士になったのか、なぜ刑事弁護に取り組むようになったのか、そして今どんな思いで仕事をしているのかをお話ししたいと思います。

◆弁護士になるまで

幼い頃から、私は映画を観るのが大好きでした。中でも、裁判や法廷ものが好きで、登場する弁護士は憧れの存在でした。「アラバマ物語」(一九六二年、米国)や「依頼人」(一九九四年、米国)、「フィラデルフィア」(一九九三年、米国)……挙げればきりがありません。苦境に立った人々を守り、ともに闘う。映画に登場する弁護士たちは、まさにヒーローでした。

しかし、それはあくまでも映画の中の憧れでしかありませんでした。弁護士の仕事は当時の私にとって遠い世界の職業でした。

大学は法学部に進学しました。弁護士になろうと思ったからではありません。英語の勉強が好きで、将来は、国際機関で働くような仕事に就きたいと漠然と考えた私は、国際法や国際関係学を勉強しようと思い、法学部に進学することにしたのです。……というのは表向きの理由で、実際は、「法学部に入って法律の勉強をすれば将来困らないよ」と親に言われ、何となくの理由で法学部を選んだのでした。

さしたる理由もなく進学したわけですから、大学で壁にぶつかるのもあっという間でした。授業を受けてもちんぷんかんぷん。自分が何を勉強したいのか、何のために大学で勉強するのかを、私は見失ってしまいました。すっかり落ちこぼれになった私は、アルバイトに明け暮れ、何かに打ち込むこともなく大学の最初の二年間を無為に過ごしました。

転機が訪れたのは三年生に進級する直前のことでした。私が通っていた大学では、三年に進級すると、全員がそれぞれ少人数制のゼミに所属し、教授の指導を受けるという伝統があります。二年生の終わりには所属ゼミを決めなければなりません。この頃の私は、もうすぐ社会に出るという現実を目前にして焦っていました。大学の残り二年間は思いきり勉強しよう、そう考えた私は、法学部の中で一番厳しいと言われている教授のゼミに入ろうと決めました。

それが、後藤昭先生との出会いでした。後藤先生は、刑事司法の研究者であり、岩波ジュニア新書『新版　わたしたちと裁判』の著者でもあります。

後藤先生は、学問に対してとても厳しい一方、穏やかで、いつも温かい笑顔で指導してくださる、そんな先生でした。先生に出会って、法律の勉強が楽しい、と初めて思えるようになりました。法律は、抽象的な概念ではなく、現実の世界で困っている人を助け正義を実現するために存在するのだということがようやく分かったからです。私は、一念発起し、人が変わったように法律の勉強をするようになりました。

先生との出会いは、刑事司法との出会いでもありました。授業やゼミを通して、冤罪《えんざい》(無実の人が誤って有罪判決を受けること)や、それを生み出している長期間の身体拘束、取調べに重きをおいた捜査の在り方など、刑事司法には多くの問題があることを学びました。私は、弁護士になって刑事弁護に携わりたい、そして制度を変える原動力になりたいと思い、弁護士を志すことにしました。大学を卒業した年、運よく司法試験に合格し、一年四カ月の研修を経て、弁護士の道を進むことになりました。

◆弁護士になって

弁護士になると、私は、東京の法律事務所で働き始めました。刑事弁護をやりたいと思って弁護士を志したわけですが、日本では、刑事弁護だけを専門にやっている弁護士は非常に限られています。私は、先輩弁護士たちの指導のもとで、刑事弁護以外にもいろんな事件に取り組みました。お金の貸借や交通事故、相続に関する事件から、家族が働きすぎで心臓の病気になり突然死してしまったという過労死の事件、近所に高層マンションが建つことになり日光が当たらなくなってしまうという建築紛争の事件など、民事事件や労働法、スポーツ法に関する事件まで実にさまざまでした。未知の問題に直面するたびに、文献や判例(裁判の先例)、時に外国語の文献を調べたり、時に医師や建築家などの専門家に話を聞いたりすることが求められます。毎日が勉強の連続です。自分の興味のある分野にどんどん挑戦できること、さまざまな人たちと関わりながら経験値を上げられることも弁護士の仕事の魅力だと思います。

◆刑事弁護の仕事

その一方で、私は、自分が弁護士を志すきっかけとなった刑事弁護にも積極的に取り組むようになりました。

刑事弁護人の役割は、被疑者・被告人の味方になり、権利を守ることにあります。日本の刑事手続では、被疑者として一度逮捕されると、ほとんどの場合、一〇日間、場合によってはさらに一〇日間勾留《こうりゅう》(刑事施設に留置して身体を拘束すること)されます。その間、学校にも仕事にも行くことができません。日常生活のすべてが奪われます。仕事を失う危険にもさらされます。家族や友人とも自由に面会できません。弁護人以外との面会を禁止される場合も少なくありません。食べ物も着るものも制限され、自由に運動もできません。拘束され、しだいに気力を奪われていきます。不眠や心身の不調を訴える人も多くいます。

刑事弁護人は、被疑者からよく話を聞き、黙秘権をはじめとする被疑者の権利について説明します。事件の見通しを見極めながら、捜査に対してどのように対応するのか判断し、助言します。時には、家族からの伝言を伝えるなどして橋渡しとなることもあります。不当な身体拘束や面会の禁止について、裁判所に対し、不服申立てをします。事実関係を調査する

これまでの刑事裁判では，3人の裁判官によって判決や量刑を判断・決定していたが(上)，2009年にスタートした裁判員制度では，裁判官(3人)に加え，6人の裁判員が参加して行う(下)

ために、事件の現場に行ったり、関係者から話を聞いたりすることもあります。事実に争う点がない事件では、被疑者に代わって被害者に謝罪し、被害の弁償をすることもあります。

起訴されると、裁判になります。裁判では、より高度な法律の知識と技術が問われます。それゆえに、弁護人の腕の見せ所でもあります。検察官が提出する証拠に問題はないか、証人の証言は信用できるのか、検察官は、合理的な疑いを差《さ》し挟《はさ》まない程度に被告人が有罪であると証明しているのか。弁護人は、あらゆる知識と経験、技術を駆使して、求める結論を得るために弁護活動を行います。

ところで、二〇〇九年から裁判員制度が始まりました。この制度では、職業裁判官だけではなく、一般市民が有罪か無罪かを判断し、有罪と判断した場合に刑の重さも決めます。裁判員裁判は、これまでの刑事裁判を大きく変えたと言われています。まずは裁判に関わる人数(右ページの図参照)。さまざまな人生経験を持つ裁判員と裁判官が議論することで、これまで以上に多角的で深みのある裁判になってきました。また、これまでの裁判では、検察官や弁護人が事前に用意した書面を朗読し、それをもとに、裁判官が膨大な書類を読み、時間をかけて判決を書くことが一般的でした。その結果、裁判が必要以上に長くなったり、一般市民に分かりにくい裁判になっていました。しかし、裁判員裁判ではそういうスタイルは通用しません。法廷で行われる証人尋問や弁論に基づいて、検察官が起訴した事実が認められるのかを裁判員が判断します。検察官も弁護人も、事前に用意した書面に頼ることはできません。公開の法廷で、自分の言葉で弁論し、裁判官や裁判員を説得する。それは、自分がかつて米国映画から思い描いた弁護士像と少しだけ重なるように思えます。

◆アメリカへの留学

弁護士の仕事をするうちに、私は、刑事弁護についてもっと勉強したいと思うようになりました。そして、アメリカに留学しようと思い立ちました。理由は大きく二つありました。一つは、アメリカの制度を受け継いだ私たちの国の憲法や刑事司法をより深く理解するためには、アメリカの制度や社会について理解する必要があると考えたこと。もう一つは、日本の刑事弁護の第一人者といわれる高野隆さんという弁護士の存在です。高野弁護士は、若い頃にアメリカに留学し、その時に学んだ知識を生かして、非常に知的かつ創造的な弁護活動をしていました。高野弁護士は、まさに私の憧れでした。あんなふうに活動するためには、どうしたらいいだろう、そのヒントがアメリカにあるのではないか、そう考えて、私はアメリカに留学することにしました。弁護士七年目、三一歳の時のことです。サンフランシスコにあるロースクールに一年間通うことになりました。

ロースクールの授業は、当然ながらすべて英語で行われます。授業を理解し、発言して参加するのにはとても苦労しました。毎日遅くまで予習に追われました。しかし、一度仕事から離れて勉強に打ち込める生活は、本当に楽しかった。毎日の生活からも刺激を受けました。

ロースクールには、アメリカ人の学生だけでなく、私のように、アメリカ以外の国の法律家や学生たちが勉強しにきていました。外国人と友だちになるのは私にとって初めての経験でした。また、サンフランシスコは、アメリカの中でも特に多様性に富む都市といわれています。根強い人種差別や貧富の格差といった現実を目の当たりにする一方で、個人を尊重し、多様性に寛容であるアメリカ社会の力強さを垣間見ました。

ロースクールを卒業した後、サンフランシスコのパブリック・ディフェンダー(刑事公設事務所)でインターンをする機会に恵まれました。刑事公設事務所とは、自分のお金で弁護士を雇うことのできない人たちに対して刑事弁護を提供する公的な事務所をいいます。私は、四カ月間、弁護士の見習いとして、指導担当のもとで、裁判に立ち会ったり書面を作成したりといった実務を勉強しました。

そこで学んだことは計り知れません。刑事公設事務所の弁護士たちは、日々自分の依頼人の権利のために法廷で堂々と議論していました。誤解を招く言い方かもしれませんが、彼らにとって、依頼人が罪を犯したかどうかは全く関係ないことのように見えました。国家から訴追されている人のために、検察官と対等の立場で徹底的に弁護し、依頼人に保障された権利を主張する、そうして適正な手続を実現する、それこそが正義なのだということを私は学びました。ある弁護士の言葉がとても印象的でした。「個人の権利を守るために議論し闘うことは、憲法を守ること、そして、ひいては私たちの権利と自由を守ることを意味するのです」。アメリカの弁護士たちの姿から刑事弁護のやりがいを学んだ私は、刑事弁護に積極的に取り組もうと思いを新たにし、帰国しました。

◈刑事弁護のやりがい

帰国後、私は弁護士の仕事を再開しました。刑事事件にも力を入れながら、英語を使って、外国人が依頼人の事件にも積極的に取り組んでいます。

刑事弁護の仕事は、決して楽しいことばかりではありません。むしろつらいことのほうが多いかもしれません。長期間にわたる身体拘束によって心身疲弊《ひへい》する依頼人を目の当たりにし、本当に苦しい気持ちになります。身体拘束から解放するよう裁判所に求める主張が認められないたびに、「こんちきしょう」と本気で思います。無罪だと信じる依頼人が有罪判決を受けた時には、自分の無力さを呪い、絶望的な気持ちになります。

しかし、それでも、刑事弁護は楽しいです。とてもやりがいのある仕事です。社会から非難され、時に家族からさえも見放されてしまったという人の唯一の味方として、その人の権利や自由を守るために議論し弁護活動をするというのは、信念に基づいた尊い仕事だと私は思います。

刑事弁護のやりがいは、無実の人を弁護することだけではありません。例えば、実際に殺人や強盗《ごうとう》などの罪を犯したとされる人の弁護にも同じようにやりがいがあります。依頼人と接するうちに、相手に対して愛情と敬意が芽生えてきます。どんなに凶悪な犯罪を行ったとされる人であっても、その人がたどってきた人生があり、家族や友人がいます。みんな誰かの子であり、親であり、兄弟姉妹なのです。生まれながらにして犯罪者という人はいません。人生のボタンを掛け違えてしまって罪を犯してしまったという人は少なくありません。もちろん、犯罪は決して許されません。特に、人が殺されたり、傷つけられたり、強姦《ごうかん》されたりという場合にはなおさらです。弁護人として被害者や遺族に会う時など、胸がつぶされるような思いになることがあります。しかし、同時に、社会から強く非難される凶悪犯罪が問題になる裁判では、より被告人の権利の保障が危機にさらされます。そうした事件こそ、被告人の隣に立ち、ただ一人の味方として、その人の権利と尊厳を守るという弁護人の役割が強く求められていています。

刑事弁護は、罪を犯したとされる被告人だけの問題ではありません。人は必ず間違いを起こします。自分だっていつか罪を犯してしまうかもしれない。社会から強く非難される場面において、国家から訴追された人たちの権利や自由を守ることは、私たち自身の権利と自由を守ることを意味します。

私は、これからも一人ひとりの依頼者の隣に立って、刑事弁護に取り組んでいきたいと思います。

弁護士

外国人事件に取り組む
——声を届けにくい人たちの力に

鈴木雅子

すずき・まさこ

1999年，弁護士登録．バージニア大学ロースクール卒業(LL. M.)．弁護士登録以来，難民・移民の問題に関わる．現在，弁護士業務の傍ら，全国難民弁護団連絡会議世話人，外国人ローヤリングネットワーク(LNF)共同代表，国際人権法学会理事等を務める．保育園児・小学生・中学生の三児の母．

私は、弁護士として、外国人が当事者になる事件を多く扱ってきました。外国人が当事者といっても、その多くは日本の法律で対応することになるので、日本人が当事者である場合とほとんど変わらない事件もあります。例えば、日本で働いている外国人についての解雇や残業代の請求のような事件は、労働者が日本人か外国人かにかかわらず通常日本の労働法が適用され、基本的に違いはありません。

逆に、日本人が当事者の場合は存在しないタイプの事件もあります。その典型的な例が難民の事件です。

◆難民

難民とはどのような人か知っていますか？

「難民」という言葉は、日本では、就職難民、結婚難民など、何かに困っている人の状態を説明するために使われることもありますが、弁護士として扱うのは、条約（世界の他の国々との間の取り決め）で定義されている「難民」です。難民のことを定めている条約は「難民の地位に関する条約」「難民の地位に関する議定書」（あわせて「難民条約」といいます）です。難民条約は、難民とは誰かを定義しています。この定義によれば、「人種、宗教、国籍若《も》しくは特定の社会的集団の構成員であること又は政治的意見を理由に迫害を受けるおそれがあるという十分に理由のある恐怖を有している人」（法務省HPより）が難民です。

こう聞くと、どのような人が難民か、イメージが湧くでしょうか。私が扱ってきた例をいくつかお話ししたいと思います。

◆在日ビルマ人難民申請弁護団

私が弁護士になって一番初めに扱ったのが「ビルマ」（正式名称は「ミャンマー連邦共和国」。ただし、「Burma」から「Myanmar」への英語名称の変更は、次に述べる独裁政権下で行われたため、正式な変更と認められないとして、アメリカなど英語圏を中心に「ビルマ」を使い続ける国も多く、私たち弁護団も「在日ビルマ人難民申請弁護団」と称していました）から逃れてきた人たちでした。私が弁護士になったのは一九九九年。当時、ビルマは、軍の独裁政権下にありました。アウン・サン・スー・チーさんというノーベル平和賞を受賞した女性が率いる政党が、一九九〇年の選挙で大勝したのですが、軍はその結果を無視し続けました。そればかりでなく、民主化を求める国民を弾圧し続け、多くの命が失われ、また、多くの人が軍に反対しているからという理由で投獄されていました。

日本はビルマから地理的にも比較的近く、そうした状況から多くの人が逃れてきていました。

では、彼らは、すぐに日本で難民として認められ、守ってもらえたでしょうか。残念ながら、そうではありませんでした。

日本は、難民条約の締約国なので、難民と定義されている人を難民として認め、迫害されるかもしれない本国に送り返されないように保護する必要があります。そのために難民認定手続を設けています。

けれども、私が弁護士になった当時、日本で難民と認められる人は年に数人しかいませんでした。迫害を逃れてきた人たちも難民認定制度を知りませんでした。

こうした人たちを何とか救いたいと、私が弁護士になる少し前に、「在日ビルマ人難民申請弁護団」(以下、「ビルマ弁護団」)が結成されており、私もその一員として参加しました。

当時は、裁判所も、弁護士も、難民に関する事件はほとんど先例がなく、みんな、難民条約を勉強しようという思いにあふれていました。私たち弁護団は、既に整った難民認定制度を有していたニュージーランドを訪れ、難民認定のあり方を勉強しました。また、ニュージーランドから専門家を証人として呼び、東京地方裁判所の一番大きい法廷で、丸二日間をかけて証人尋問を行いました。裁判所も難民認定をどのように行うべきか、真摯《しんし》に耳を傾けてくれました。その結果、私たちが、今後の認定に資するため、難民法について掘り下げる代表的訴訟として位置づけていった事件で、被告であった入国管理局(以下、「入管」)がいわば負けを認め、裁判の途中で原告を難民として認めました。

この事件が大きな契機ともなり、ビルマ弁護団が扱ったケースだけでも、これまでに約二〇〇人が難民認定を受けました。難民認定は受けられなかったものの本国の情勢から在留を認められた人をあわせると、ビルマ弁護団が扱ったケースで在留許可を得た人数は約六〇〇人にのぼります。

◆一五歳で日本に来た難民

この本を読んでいるみなさんとおそらく同じくらいの年齢の難民を担当したこともあります。ここでは、Mさんと呼びます。

Mさんは、幼い時に両親を亡くし、学校に通ったこともなく、通常であれば学校に通う時期に独立を目指す武装グループの一員として過ごしていました。そのMさんが遠いアフリカから日本に来たのは一五歳の時でした。その後、いろいろなことがあって、異国で独りぼっちになったMさんを、難民を支援するNGOからの依頼で私が担当するようになりました。難民申請はしたものの、手続きはなかなか進まない状況でした。日本で身寄りもなく、言葉も分からないMさんの生活は荒れる一方でした。しばらく私一人でMさんを担当していたものの、Mさんの生活面までは支えきれず、子どもの問題を多く扱うI弁護士に応援を頼むことにしました。I弁護士が生活面を、私が難民申請手続を主に担当することにしました。Mさんは一時は家もない状態だったのですが、I弁護士の手配で自立援助ホームに入ることができ、また、夜間中学校にも通えるようになりました。とはいえ、自立援助ホームは、本来であれば働きながら自立を目指すところなのに、Mさんは、在留資格がなかったため、働くことも許されません。また、施設には、いろいろな決まり事もあります。そのような生活がつらくてくじけそうになりながらも、Mさんの生活は少しずつ落ちついていきました。

他方で、難民認定の手続きでは、残念ながら不認定処分が出されてしまいました。それでも身寄りのないMさんは本国に帰ることはできません。Mさんは不認定処分に対する異議申立てをしました。ところがその後も手続きは、一向に進みません。難民認定を取り扱う入管に手続きを早く進めるようにと何度も申し入れました。そうしてようやく異議申立て手続を担当する難民審査参与員(法務大臣によって任命された学識者らにより構成され、難民と認められなかった人が不服申立てをした場合に審査をして、意見を法務大臣に述べる人々)によって行われるインタビューが入りました。このインタビューには、I弁護士、私のほかに、通っていた夜間中学校の先生も出席して、Mさんが日本にいられるようにしてほしいと訴えてくださいました。

二〇一四年八月。Mさんはついに難民認定を得ました。この年、難民認定を受けたわずか一一人のうちの一人でした。Mさんが入国してから五年以上が経ち、Mさんは既に二〇歳を過ぎていました。

Mさんは今、母親になり、本国では得られなかった穏やかな日々を子どもとともに過ごしています。

◆Jくん

「オーバーステイの外国人」と聞くと、みなさんはどんな人を想像しますか？

日本にいる外国人のほとんどが在留資格を持っています。在留資格というのは、日本国籍を持たない人が、日本を訪れたり生活するにあたって、合法的に在留できるために日本政府から与えられる資格です。旅行が目的なら「短期滞在」、日本で勉強するなら「留学」、日本人と結婚して日本で生活するためなら「日本人の配偶者等」というように、それぞれの日本での活動の目的にあった在留資格が与えられます。

けれども中には在留資格を持っていない人もいます。

Jくんは、日本で生まれた高校生。生まれてから日本を出たことは一度もありません。日本の小学校、中学校を卒業して、現在は高校に通っています。母語はもちろん日本語。友だちも地元や学校でできた人たちばかりです。

けれども、Jくんには多くの人と違うことがあります。生まれてから今まで、在留資格がないのです。それは彼の両親に在留資格がなかったからです。そのような状態ではあったものの彼の両親は一生懸命日本で働き、一家でつつましく暮らしてきました。ところが、二〇一二年、在留資格がないことからお父さんが捕まってしまい、翌年、彼が一二歳の時、Jくんの家族全員に、「退去強制令書」(日本を出て本国に帰るようにという国からの命令)が出されてしまいました。彼らが日本にいることを認めてほしいという裁判もしましたが、二年間かけても認められませんでした。

けれども、もし日本から強制送還されれば、Jくんは、法律上五年間は日本に戻れません。その後も、日本が認めている極めて限られた在留資格の活動類型にあわない限り、やはり日本に戻れませんが、その活動類型にあてはまることは容易ではありません。つまり、一度日本を出てしまえば、Jくんは生まれ育った日本に戻れない可能性が極めて高いのです。

生まれてからずっと生活し、すべての時間を過ごしてきた、その国にいることが許されず、ひとたび出てしまえば、おそらく戻れない。それはおそらく、へたな刑罰よりもずっと過酷《かこく》なことです。

子どもは環境を選べません。たまたま生まれ落ちたその環境で、子どもはみな懸命に生きています。Jくんもそうです。彼は、自分に在留資格がないことも、お父さんが捕まるまで知りませんでした。そして、その時まで彼は、日本を母国として、すべての人間関係を日本で培い、生きてきました。Jくんにはほかに選択肢はありませんでした。それなのに、今は、行ったこともなく、言葉も分からない国に行けと言われているのです。なぜJくんはそのような目に遭わなければならないのでしょうか。それほど過酷なことを命じるのであれば、J

くんのしたことの何が間違っていたのか、Ｊくんはどうすればそのような目に遭うことを避けられたのか、大人はそれを少なくとも説明する責任があると思います。けれども、私には、その答えは見つかりません。

高校時代の体育祭で後輩と一緒に．この時はまだ弁護士という職業は全く考えていなかった

◆外国人問題に取り組むようになるまで

少しさかのぼって、私がなぜ弁護士を目指したかをお話ししたいと思います。家族や親せきには、裁判官、検察官、弁護士といういわゆる法曹関係者は誰もいませんでした。大学に入った当初は、外交官か国連の職員になりたいと思っており、弁護士になるということは考えてもみませんでした。

けれども大学で、南北問題、高齢者福祉、障害者福祉、戦後補償問題など、さまざまな社会問題に取り組んでいるうちに、あっという間に就職活動の時期になってしまいました。さまざまな社会問題に取り組む中で触れた弁護士の活動に感銘を受け、初めて弁護士という仕事を身近に感じ、また、弁護士ならいろいろな問題にこれからも取り組めるかも、という思いもあって、司法試験を目指すことにしました。そして、初めての司法試験を受けた後の空き時間を利用して、友人のつてでビルマ弁護団の手伝いすることになりました。これが私が難民事件や外国人事件に取り組むようになった直接のきっかけです。それが弁護士になって約二〇年たった今に至るまで続いているのですから、めぐり合わせというのは不思議なものです。

おわりに

外国人事件に取り組んでいると、報われることより、報われないことのほうが多いです。一時は他の国の水準に近づけるかと思われた難民認定も、その後は裁判所も入管も消極的な姿勢に戻ってしまいました。

もちろん通常の事件を担当しても依頼者の期待にそう結果が出せなかった時、とてもがっかりし、申し訳なく思います。けれども、難民事件や退去強制の事件では、その人たちの人生そのものがかかっていることが多いので、結果が出せなかった時のつらさは、それをさらに上回ります。

それでも、彼らの多くは、日本語も十分に話せず、日本国籍もないので、自分たちの声を、裁判所や、政治や、マスコミに直接届けることはとても困難です。そうした人たちにとって、私たち弁護士の役割はとても大きいものです。その人生が肩にかかっている、その重さに時に押しつぶされそうになることもありますが、少しでも多くの人の未来を切り開き、前に進むお手伝いをこれからもできればと考えています。

弁護士

夢と誇り，
自由を持てる仕事

鍛治 美奈登

かじ・みなと

富山県生まれ．2005年，中央大学法学部国際企業関係法学科卒業．07年，中央大学法科大学院修了，司法試験合格．08年，弁護士登録，曙綜合法律事務所入所．主な業務として企業法務・民事・刑事・家事事件，特に，医療，労務，不動産の紛争解決・交渉などを行う．14年にキリン株式会社（法務部）に入社．現在は，海外M&Aや事業提携，海外契約などの業務に携わっている．共著に『困ったときのくらしの法律知識Q&A』（清文社），『新・労働事件法律相談ガイドブック』（第二東京弁護士会）．

◇コンプレックス、固定観念、自分との闘い

「どうして弁護士になったのですか？」

講演会やテレビ、雑誌などのいわゆる「取材」では必ず受ける、お決まりの質問です。

正直、一〇代の頃は、弁護士になる自分を全く想像していませんでした。

ただ、漠然と、「世のため、人のために働きたい」「誰かに必要とされていたい」「自立して生きたい」「世界を舞台に仕事がしたい」という思いがあり、手に職となる専門性を身に付け、結婚しても出産しても仕事を続けていられたらいいな、と考えていました。

そんな私が「弁護士」という仕事を意識したきっかけは、大きく分けて二つあります。

一つは、志望する国立大学に合格できなかったというコンプレックスです。もう一つは、大学一年生の頃に経験した法律事務所でのインターンシップです。

まずは、コンプレックスについて、ご説明しましょう。

正直な話、大学入学前、私の夢の職業は外交官でした。父(海上保安官)の影響で、国防や安全保障、国益、憲法に興味を持っていたためです。

しかし、志望していた国立大学に進学できなかった私は、自分に自信が持てないゆえに、「国立大学でなければ、官僚の世界では冷遇され、昇進できないかもしれない」などと考え、夢への情熱を失ってしまいました。もちろん、幼い頃からの夢を捨てるのですから、後悔しないようにと、実際に外務省の総合政策局にインターンシップに行くことにしました。その結果、やりたいことができるイメージが持てず、自分の居場所ではないと感じたのです。

また、元々の性格の影響か、大学受験失敗のコンプレックスの影響なのか、「国家公務員」や「大企業」など強大な力を持つ組織に所属するのがよいとされる固定観念にとらわれず、自分の力で生きていきたい、世の中を見返したいという思いもありました。

今考えると、幼く、視野が狭い発想だと思いますが、自分なりに精いっぱいの努力をした結果が大学入試で報われなかったので、新しい道を探し、新しい自分になりたいという思いがあったのだろうと思います。

そんな時に出会ったのが、「弁護士」という仕事です。

父親の知人が「法学部に入ったなら法律事務所を体験してみるといい」というアドバイスと共に弁護士さんを紹介して下さったので、そこでアルバイトをすることになりました。

法律事務所のアルバイトでは、もちろん、相談内容に立ち入って法的アドバイスをすることはありませんでしたが、難しい表情で来所されたクライアント(依頼者)が、帰り際には、「先生、ありがとうございます」と笑顔になられるのを見て、「弁護士って、人に感謝される仕事だな」「人から「ありがとう」と言われる仕事って、いいな」と思うようになりました。

また、弁護士(経営者・パートナー弁護士)というのは基本的に自営業なので、毎日決まった時間に出勤する義務はなく、仕事の都合がつけば、勉強会やボランティア、時にはゴルフや旅行に出かける先生もいました。「社会人になっても、何に時間を使うか、自分で自由に設計できるなんて、なんて贅沢《ぜいたく》なのだろう！」と感動したものです。

先生たちのこのような様子を見て、「他人や規則に縛られることなく、自分のペースで生きていける」「自由っていいな」と思いました。

同時に、自由な生き方ができるのは、弁護士という職業が「プロフェッショナル」な仕事だからだ、と感じました。なお、私にとっての「プロフェッショナル」とは、高い専門性と倫理観を備え、私利私欲のためでなく、社会の正義や他人の幸せのために努力できる職業を意味しています。

また、私が目指していた外交官という仕事とも共通点がありました。

弁護士は、人間同士のトラブルを解決し双方にとって妥当な結論を導きつつ、クライアントの利益を確保する仕事です。この役割は、国同士のトラブルを解決しつつ、自国の利益を確保する外交官の役割と似ている、と感じたのです。

さらに言えば、自分という「個人」が、「直接」クライアントと接し、自分で考え自分で動ける点で、より鮮明にやりがいを感じられると思いましたし、何より、クライアントから直接掛けられる「ありがとう」という言葉は、独立したプロフェッショナルとして仕事をしているからこそ得られる最高の讃辞だと感じました。

こうして私は、弁護士になれば、「自由で」「自立し」た生き方と共に「人から直接感謝される」「プロフェッショナル」な働き方ができると考え、弁護士になりたいという夢を持つようになりました。

◇あきらめそうになった時、私を支えたもの

それでも、弁護士になるまでの道のりは、決して楽ではありませんでした。

自分自身との闘いという意味では、今までの人生で一番つらい時間だったかもしれません。

大学の友だちが遊びに明け暮れたり、就職活動で社会人に向けて活動したりしている中、私は、研究室と自宅を往復する毎日でした(司法試験合格を目指す人たちのサークルのような集まりが大学内にあり、研究室で各自勉強をしていました。研究室は、勉強机とロッカーを安価で借りることができるスペースでした)。

司法試験直前には、午前八時や九時に研究室に行き、夜一二時近くまで勉強する毎日。人付き合いも狭くなりますし、法律本や問題集と向き合ってばかりの毎日は、やはり退屈で、窮屈《きゅうくつ》で、苦痛でした。

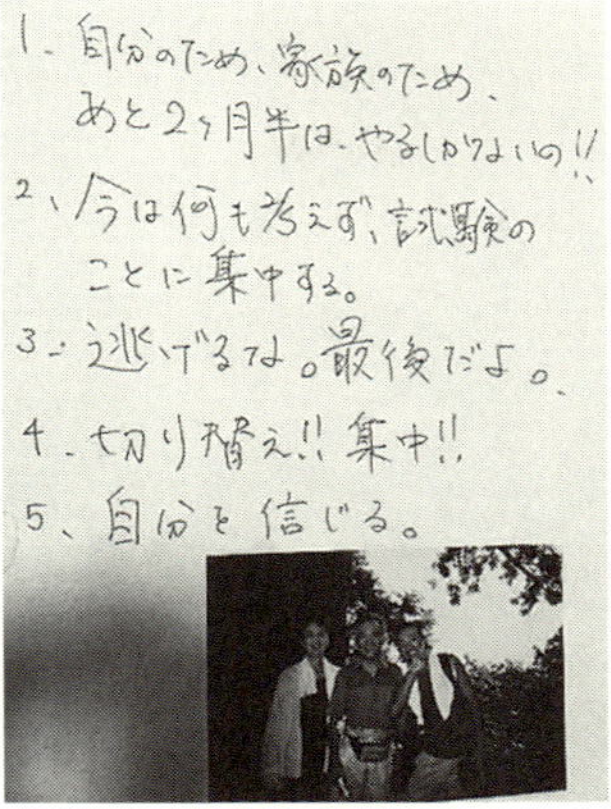
1、自分のため、家族のため、
あと2ヶ月半は、やるしかないの!!
2、今は何も考えず、試験のことに集中する。
3、逃げるな。最後だよ。
4、切り替え!! 集中!!
5、自分を信じる。

受験時代，自分に言いきかせていた言葉

弁護士を目指すことに、両親が必ずしも前向きではなかったことも、つらさに拍車をかけました。

確かに、就職活動をせず、勉強に集中することには、大きなリスクがあります。貴重な二〇代の多くの時間を注ぎ込むことになり、他の道を切り捨てたとしても、合格できる保証はないからです。また、合格したとしても、一般にいうところの「幸せ」が得られるとは限りません。プロフェッショナルとして生きる以上、人生に占める仕事の割合が大きくなり、重い責任を負うことになります。仕事以外の時間は制限されます。家庭を顧みたり、子育てに集中したりする時間が、思うようにとれない場合もあります。

父や母は、私のことを思うがゆえに、「弁護士になることで、女性としての幸せがないがしろになるのではないか」と心配してくれたのだと思います。

ただし、実際には、時間がないなりに工夫して、家庭を維持し、子育てをしている方も多いです。それに、私自身も弁護士になった今、とても幸せなんですけどね(笑)。

今思えば、両親の気持ちはありがたく、感謝しているのですが、当時の私は、自分の夢を否定されたように受け取り、家族とは距離を置いて、勉強に集中する道を選びました。

経済面で両親の負担になるのが嫌で、大学卒業後は、学費の全額免除を許可されたロースクールに進学し、生活費は奨学金で賄うなど、経済的にも苦しい時代でした。

借金を負い、変化のない、修行のような毎日の中で、司法試験の受験を止めようと思うこともありました。こんな生活の中で、当然のように、何度も考えたことがあります。

「私、なんで弁護士になりたいんだろう……」

そのたびに私を支えてくれたのが、一〇代から心に抱いてきた人生観でした。

「世のため、人のために働きたい」

「強く優しい女性になりたい」

「不条理にNO！と言える「自立」した人生を送りたい」

これらの夢をかなえ、なりたい自分になるという「自己実現」欲求。

苦境から逃げずに、自分で決めた夢を実現した時、ようやくコンプレックスに打ち克つことができるのではないか、自分を好きになれるのではないかという思い。夢を実現したい、あきらめたくないという強い思いが、私を支えていました。

この頃は、歌手の相川七瀬さんやロックバンドのLUNA SEAなどの歌を聴きながら、夢のために現実と闘う毎日でした。その後、マスコミの仕事を通じてこの時歌を聴いて元気をもらっていた憧れの人と会うことができたことも、弁護士になって良かったと思える理由の一つです。夢を一つかなえることで更なる夢もかない、どんどん人生が豊かになっていくのです。

◆弁護士になってみて

他方、「受験が終われば楽になれる」と思っていた私でしたが、現実は甘くありませんでした(苦笑)。

むしろ、今振り返れば、受験時代は「自分とだけ闘っていればよかった、楽な時代だった」と思うことさえあります。自分のためだけに時間とエネルギーを使うことのできる、大変貴重な時間だったとも言えます。

そんなわけで、それまで受験を言い訳に、狭い世界で内向きに過ごしてきてしまった私は、弁護士になり、社会や、弁護士業の厳しさを目の当たりにしていきます。

弁護士一年目は、先輩弁護士やクライアントから求められる水準の高さについていけず、重い責任やプレッシャーに潰されそうで、人知れず泣いては心を落ち着け、意地で頑張る毎日でした。

ただ、自分で選んだ道を進んでいるという事実、努力をして実現した夢の職業だという事実、そして何より、クライアントから「先生、ありがとうございます」と言ってもらえる事実が、私を支えてくれました。こうして、日に日に強くなり、少しくらいのことで動揺しない度胸もつき、コツコツ地道に解決策を考えたり、文章をつくったり、重い書類を持ってあちこち動き回ることにも慣れていきました。

離婚や相続などの家事事件では、一人ひとりの人生と向き合い、何がクライアントにとってベストまたはベターな人生かを考えることで、自身の感受性も豊かになり、人生勉強もさせて頂きました。独身で経験も未熟な二〇代の私の一言にも、お子さんがいらっしゃる女性が涙し、「私、頑張ります」と前を向いて下さった時は、この仕事をやっていて本当に良かったと思いました。

病院や国、企業側の代理人として訴訟追行や交渉を行う際は、まさにプロフェッショナルな仕事をしているという実感が得られました。医療過誤訴訟や、第三者委員会(何か問題が起きた時に、当事者以外の外部の有識者によって問題を検証し、原因の分析や再発防止策の提案を行う委員会)対応、完全無罪を争う刑事事件では、上司に「弁護士道」を教わりながら、多くの訴訟を経験し、紛争解決や当事者説得のノウハウ、落としどころを感じる直観力、事実認定と証拠評価の実務感覚を習得していくことができました。

また、トラブルが最終的にどのように解決されるのか(紛争解決)を学ぶことで、トラブルを回避し、リスクを減らすためにはどうしたらよいか(紛争予防、すなわち予防法務)についても考えることができるようになりました。

所属事務所の一員としてだけでなく、「鍛治美奈登」という一弁護士として、クライアントを獲得し、自立していく道を選んだことも、受験生時代の夢だった「自由で」「自立した」強い生き方を実現したかったからです。中小企業の経営者たちと共に悩みや喜びを共有しながら経営を考え、サポートしていく仕事はとてもやりがいがあり、この経験が、私を、「当事者としてもっと経営をサポートしたい」という思いに導くことになります。

◆企業内弁護士への転向

二〇一四年、私は、二〇〇八年からお世話になった曙綜合法律事務所を退所し、キリン株式会社(以下、「キリン」)法務部に所属する企業内弁護士に転向しました。理由は、主に三つあります。

一つめは、先に述べた通り、「当事者として経営をサポートしたい」という思いです。弁護士は、いろいろなクライアントから仕事を得て、さまざまな分野のトラブルを解決したり経営をサポートしたりできますが、他方で、あくまでも「頼まれた法律的問題を解決する」

「第三者」だという意味で、できることには限界があります。だからこそ、もっと当事者として、会社がクリエイティブな挑戦を行う際のサポートや、会社がトラブルに巻き込まれることを予防する仕事がしたい、と思ったのです。

二つめは、グローバルな時代に対応する海外法務・英文契約の知見を身に付けたい、という思いです。一般的な弁護士の主戦場は「訴訟」つまり「裁判所」ですが、日本の裁判所の管轄が及ぶ範囲は、基本的に日本国内で完結する取引や事件となります。しかし、日本の人口が減少し、マーケットが縮小の一途をたどっている状況において、日本国内で完結するビジネスを展開していては、企業の長期的発展は望めません。だからこそ、グローバル展開を目指す企業をサポートできるような力を身に付けない限り、私が目指す形でのプロフェッショナルな生き方はできないと考えたのです。

三つめは、組織、つまりチームで仕事がしたいという思いです。弁護士は自営業であり、自立しているからこそ、とても孤独な職業です。法人化していない限り、クライアントに対する責任はすべて弁護士「個人」が負いますし、営業を行いクライアントを獲得していかない限り、自分が望む仕事をすることができません。専門性があるゆえに、仕事を他者に代わってもらうことが難しく、キャパシティーにも限界があります。だからこそ、スケールメリットや組織力を生かした、社会に大きな影響力を与える仕事に憧れるようになったのです。

こうして、企業内弁護士への転向を決めた私は、メーカーの法務部にターゲットを絞り転職活動を行いました。メーカーを選んだ理由は、①一般に、商社や金融の法務部は人数が多く、縦割り組織で、業務範囲が狭いと言われていること、②目に見える形で0から1を生み出す製造業に憧れがあったこと、③メイド・イン・ジャパン(日本製)を世界に広げる活動をサポートしたい(=必然的に海外法務を伴い、海外業務経験を積むことができる)と思ったことなどでした。キリンを選んだのは、「私が好きなもの」かつ営業時やつらいことがあった時に「私を助けてくれたもの」(=お酒)を製造している会社だったからです。

◆実際の業務内容

キリンの法務部は、約三〇名の法務部員によって、国内法務・海外法務・商標業務の三つのチームで構成されています。このチームで、親会社であるキリンホールディングス(以下、「ホールディングス」)の法務機能も果たしており、世界各国に存在する子会社・関連会社のリーガルリスクを軽減し、利益を最大化する使命を担っています。

その活動領域は、ブラジル(二〇一六年まで)・オーストラリア・フィリピン・中国・ミャンマー・ヨーロッパなど幅広い国と地域に及び、世界各国で、自分たちの会社の商品(お酒や飲料)を飲むことができる感動には、想像以上のものがあります。

具体的な業務としては、①M＆A(会社同士の合併など)や業務提携の法務サポート、②国内外の子会社の法務基盤の整備、③訴訟や交渉などの紛争解決、④契約コンサル(キリンビールの「一番搾り」や、キリンビバレッジの「午後の紅茶」、メルシャンのワインなどを海外に輸出する際の契約や、共同研究開発の契約、ライセンス契約、スポンサー契約など)、⑤株主総会対応、⑥グローバル社内規定の整備などがあります。

実際、二〇一五年にミャンマー・ブルワリー社の株式を約五〇％買収し、ビール会社として初めてミャンマーに進出する際は、現地に赴き法務サポートを行い、新天地で当社の商品を展開していくお手伝いができ、とてもやりがいがありました(『日本経済新聞』にも取り上げられるほどの貴重な経験でした)。

◆まとめ

弁護士になってから思うことは、弁護士の活動範囲は、受験生時代に想像していた以上に広く、可能性は無限にある、ということです。

私のように企業内でサラリーマンとして生きることもできますし、公務員になることもできますし、国連などの国際機関で働く際も、法律のプロとしての資格は重視されます。組織に属さない場合は、まさしく自由に、さまざまな業界と関わったり、マスコミでコメンテーターとして活躍したり、起業することもできます。

これらの活動の根底にあるのは、弁護士という職業が、高い倫理観と専門性に裏付けされた「プロフェッショナル」だと考えられているからだと思います。社会で生きていくにあたり、このような立場は強い武器やアドバンテージになります。だからこそ、絶対に後悔しない職業だと思います。

もう一点、大事なことは、結局のところ人を動かす原動力は、「自分にとっての幸せや生きる意味を、どこに見出すか」にあるということです。

少なくとも私の場合は、自分が好きなことだけをやる「自己完結」状態では楽しさが持続せず、達成感や生きがいが得られなくては幸せな人生とは思えなかったので、「世のため、人のため」になる道を模索し、結果的に、「法律という専門性で社会のトラブルを解決し、社会の発展をサポートする道」を選びました。

そして、結婚しても出産しても消えないこの資格は、私に、「不条理にＮＯ！」と言うための武器（法律）や独立性と共に、組織に縛られない「自由」で「自立」した生き方を実現させる「強さ」と、そこから導かれる「優しさ」を考える余裕を与えてくれています。

今、私は幼い頃からなりたかった自分や生き方を実現でき、とても幸せを感じています。

多くの人に、この素敵な資格と共に、自由で生きがいを感じられる人生を送って頂き、その専門性と倫理観に裏打ちされた仕事が、世のため人のためになることを願います。

弁護士

町弁《マチベン》として，人々の人生に寄り添いたい

佐藤倫子

さとう・みちこ

1975年千葉県生まれ．中央大学を卒業後，2000年司法試験に合格．02年に埼玉弁護士会に弁護士登録．花北ひまわり基金法律事務所（岩手県花巻市），桜丘法律事務所（東京都渋谷区）での勤務を経て，13年香川県丸亀市に田岡・佐藤法律事務所を開所し，現在，同事務所にて勤務．現職として，日弁連男女共同参画推進本部事務局次長，香川県労働委員会公益委員，高松家庭裁判所観音寺支部家事調停委員などを務める．

◆舞台女優か、弁護士か

私は、小学校の卒業アルバムに、将来の夢を「舞台女優か弁護士」と書きました。「舞台女優」と書いたのは、ミュージカル「レ・ミゼラブル」に感動したのがきっかけ。「弁護士」と書いたのは、二歳年下の弟、理一《まさかず》の存在があったからです。

弟には、脳性麻痺《のうせいまひ》とダウン症という障害があります。今では耳も聞こえていないそうです。いくつもの障害が重なることで、弟は、立つことも、物を持つことも、しゃべることも、食べ物を嚙《か》むことも、私の話に相槌《あいづち》を打つこともありません。ずっと生後数カ月の赤ちゃんのまま、といった感じでしょうか。

母は、ずっと弟の世話をしていたので、いわゆる専業主婦でした。小学生だった私に、いつも「結婚しても子どもを産んでも、どんなことがあっても続けられる仕事に就きなさい。手に職をつけなさい」と言っていました。弟の介護や家事に明け暮れる母は、本当は職業人としても活躍したかったのです。私はそんな母の思いを痛いほど感じていました。

また、幼い私は、自分が将来結婚や出産をするなどとは想像もしていませんでした。親は

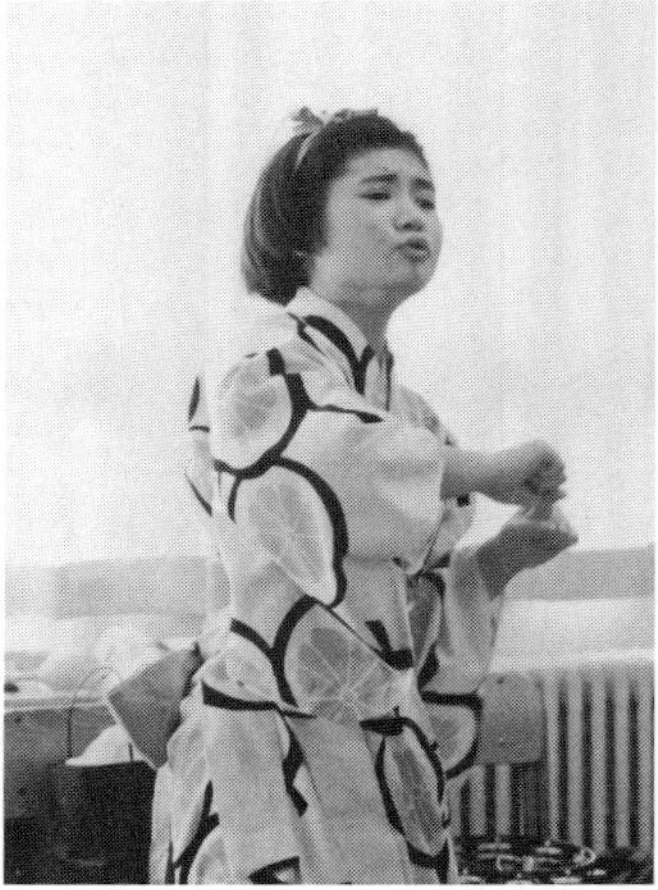
高校のクリスマス会で「矢切りの渡し」を歌って踊る筆者

いつか死ぬ、そうなれば、私と弟の二人だけで世間の荒波を乗り越えていかなければならない、そう思っていました。幼い私は、弟を守るためには「力」がほしいと思いました。経済的な力、社会的な力を持つことができる職業、それが弟を守る武器になると思いました。

加えて、弟との生活の中で、障害を持つ立場の生きづらさを感じていました。弟の車椅子を押していると、周囲の冷たい、あるいは好奇の目を感じましたし、昔は今と違ってバリアフリーも進んでおらず、街に出ること自体大変でした。私は、弟のような社会的な弱者、足を踏まれる側の立場に立つ仕事がしたい、そう思うようになりました。

このように、一生続けることができる職業、そして弟を守り、弟のような社会的弱者の立場に立つことができる職業として、私は「弁護士」を思いつき、小学校の卒業アルバムに書いたのでした。

さて、そんな私も、中学・高校では演劇一色の毎日でした。中学では演劇部に入り（実は途中で退部してしまいましたが）、高校生の頃は、友人と集まって芝居をしていました。当時はいわゆる小劇場ブームの最後の頃でした。私は、夢中になって都心の下北沢や新宿の劇場に通い、高校二年生の時には、年間六〇本近くの芝居を観ていました。お年玉や小遣いはすべて芝居のチケットと演劇雑誌に消え、「将来は芝居で食べていきたい、役者になりたい」という思いも強くなりました。一方で幼い頃に抱いた「弁護士になりたい」という気持ちも捨てきれず、私は、二つの夢を抱えたまま、大学の法学部に進学しました。

しかし、ある日、ゼミの教授からかけられた「君は、法律家に向いているよ」という言葉に背中を押され、私は「やっぱり弁護士になろう」と決意しました。教授のこの言葉に支えられて司法試験の勉強を続け、私は、二〇〇〇年、二五歳の時に司法試験に合格し、弁護士になりました。

◆ひまわり基金法律事務所――人が現に生活する場所で

私は、二〇〇五年から四年間、宮沢賢治のふるさとである岩手県花巻《はなまき》市に公設事務所「花北ひまわり基金法律事務所」の初代所長として赴任しました。花巻市役所から歩いて五分、花巻駅からもほど近い場所に、事務所を構えました。

公設事務所は、弁護士がいない、あるいはとても少ないために市民が司法サービスを十分に利用できない「弁護士過疎」の解消のため、日本弁護士連合会(日弁連)、その地域の弁護士会と弁護士連合会のサポートを受けて開設・運営される法律事務所です。

私が赴任した岩手県花巻市、北上市周辺には、二〇万人もの人々が住んでいましたが、当時、弁護士は三人しかおらず、そのうち二人は高齢でした。また、女性の弁護士はいませんでした。

確かに、私が赴任した当時も、車で一時間以上かけて県庁所在地の盛岡市まで行けば、たくさんの弁護士がいました。しかし、お年寄り、障害を持つ人、育児や介護で長い時間家を空けることができない女性、遠くまで行くことや盛岡に慣れていないなど弱い立場にある人にとって、盛岡市まで相談に行くことはとても困難なことです。また、市民からみると、弁護士はまだまだ遠い存在です。どこにどんな弁護士がいるかも分かりません。自分の悩みなど弁護士に相談するほどではないのではないか、そんな躊躇《ちゅうちょ》もあるようでした。

ある日、今にも泣き出しそうな女性が相談に訪れました。女性は「夫から離婚を迫られている。「働いていないお前に親権なんて取れない。出て行け！」と言われている。誰にも相談できなかった。子どもを手放したくはないが、夫の言うとおりにするしかないと思う。ただ、近くに女性弁護士がいると知ったので、一度相談してみたいと思った」と、消え入りそうな声で語りました。私は、親権は仕事の有無で決まるのではない、あなたの状況であれば、裁判所は必ずあなたを親権者に指定するでしょうと伝え、決して子どもたちの手を離さないでくださいと励ましました。この世の終わりのような暗い顔で相談室に入ってきたその女性は、たった一回の相談を経て、別人のように晴れやかな、自信に満ちた表情で相談室を後にしました。もし、盛岡市にしか女性弁護士がいなかったら、私がここに事務所を構えていなかったら、彼女は弁護士に相談しないまま、夫の言うままに子どもたちを置いて家を出ていたかもしれません。

ある日、花巻市内に住む男性から、事務所に電話がありました。「法律相談をしたいのだけれど、障害があって首から下が動かず事務所まで行けない」とのことでした。私は、車を走らせて自宅にうかがいました。私は、男性から依頼を受け、ある裁判を起こし、打ち合わせのたびに自宅へうかがいました。しかし、もし私が花巻ではなく盛岡市の弁護士だったとしたら、果たして往復三時間かけて自宅までうかがい相談を受けていたのか、裁判の依頼を受けていたのか、正直なところ、少し自信がありません。

法律は、力の弱い人、声の小さい人、足を踏まれる立場の人のためにあります。しかし、どんな素晴らしい法律も、使うことができなければ意味がありません。「絵に描いた餅《もち》」になってしまいます。悩みがあり、その助けになる法律や制度があっても、家から歩いて行ける場所、自転車で行ける場所、いつも通るあの道……人が現に生活する場所に弁護士がいなければ、その人は弁護士に相談することができず、泣き寝入りしてしまうかもしれません。絶望して、自ら命を絶つことすらあるかもしれません。

公設事務所の弁護士は、もっとも法律を必要とする弱い立場の人々、足を踏まれる立場の人々にとって法律が「有って無いようなもの」にならないよう、その地域に生活する人々に寄り添い、お手伝いができる弁護士なのだと思います。

ところで、「弁護士過疎地」とは、弁護士は少ないけれどたくさんの人々が生活している場所。知的障害を持ちながら地域で生活している人もたくさんおられます。例えば、そういう人たちがよく分からないまま家族の借金の保証人にされてしまったり、高額な布団をたくさん買って家の中が布団で一杯になってしまったり、読むことのできない新聞の購読契約をたくさんしてしまったり、街で声をかけられて高額な絵を買ってしまったり、自転車を盗んだのではないかと警察官に疑われてパニックになり、公務執行妨害で逮捕されてしまったり……。そんな事件が舞い込むことも多くありました。

私は、そういったトラブルが起きるのも、障害を持つ人が地域のなかでエネルギーを持って生きている証のような気がして、何だか少し頼もしく思いながら、解決のお手伝いをしていました。

そうはいっても、トラブルはやはり困りますし、未然に防いだり、早期に発見できたほうがよいので、私は、障害者(や高齢者)を支援している社会福祉士や病院のケースワーカー、市役所の職員たちに声をかけ、支援者の学習会を立ち上げました。

また、地域で生活する障害者自身に生きていく力をつけてもらいたいと思い、花巻地域だけではなく岩手県内の本人活動グループ(知的障害のある当事者たちのグループ)へ出向き、出前授業を行いました。授業では、アパートを借りる、お金を借りる、結婚するなど、日々の生活で出会う「契約」の仕組みや注意点について、やさしい言葉で伝えることを心掛けました。

このように、個別の事件の解決だけでなく、地域の人々と協力し合い、地域の実情にあったより良い仕組み作りに取り組むことができる、そんな素晴らしさも、公設事務所にはあったと思います。

◆人生が、少しでもよい方向に向くように

私は弁護士になって一五年、ずっと、市井《しせい》で個人や小さな会社からの依頼を受けて仕事をするいわゆる「町弁《マチベン》」でした。私たちマチベンの仕事は本当に多岐にわたり、「なんでも屋さん」といった感じです。

民事事件（お金を支払ってほしい、借家から出ていってほしいなど）、家事事件（離婚したい、子どもを連れ戻したい、亡くなった人の財産をみなで公平に分けたいなど）、刑事弁護（罪を犯したとして逮捕されたり、裁判になってしまった人を助ける活動など）、少年事件（罪を犯したとされる未成年者を助ける活動など）、外国人事件（外国人を当事者とする事件。例えば、日本から出て行けと言われてしまっている外国人のお手伝いをするなど）、犯罪被害者支援（例えば、犯罪被害を受けた人に同行して警察へ行く、加害者の裁判に参加する、加害者と交渉をするなど）、裁判所から依頼される事件（破産管財、後見など）等々……。私の場合は、家庭のことで悩みを抱えた女性からの相談が多いように思いますが、個人的には

刑事弁護が好きだったりします。

　どんな事件でも私の思いは同じです。出会った人の人生が、少しでもよい方向に向くお手伝いがしたい、ということです。お金が返ってきた、無罪になった、家族と日本に居続けることができるようになった。その人が新たな一歩を踏み出せるようになった時、とても嬉しく思います。トラブルを解決し、また、たとえ解決しきれない問題が横たわっていたとしても、私が伴走することで少しでもよい方向に進めば、その人の心が少しでも軽くなれば、そう思っています。

　ある女性は、長年にわたり心身ともに調子がすぐれず、仕事に就くこともできませんでしたが、その原因が、一〇年以上も前に男性から受けた暴力によるＰＴＳＤ（心的外傷後ストレス障害）だったことが分かりました。そんなに昔の暴力を立証できるのか、裁判によって女性がさらに傷つくのではないかなど多くの困難が伴い、果たして裁判をするべきなのか悩みましたが、主治医の「彼女の心は、暴力によって割られた鏡がバラバラになっているような状態。彼女が先に進むには、事件に向き合い、鏡の破片を集めて一つにする必要がある。裁判はそのための作業だ」との言葉を信じ、女性とともに裁判に取り組みました。その結果、加害者から賠償金の支払いを受けることができました。裁判ですぐに女性の病気が治るわけではありませんが、彼女は自身の力で被害を乗り越え、新たな人生の一歩を踏み出すことができたと思います。

ある少年は、それまでにさまざまな罪を犯し、少年院に何度も入っていました。暴力団にいたこともありました。逮捕され、私が弁護人になりました。少年は、これまでの人生のことを話してくれました。彼の育ってきた境遇は苛酷《かこく》で、人生それ自体がサバイバルでした。私は、人を殺《あや》めることもなく、ここまで生き延びてくれてありがとう、よく頑張ったね、そう思わずにはいられませんでした。少年が思いを綴ったノートには、「自分の話で泣いてくれたのは、佐藤さんが生まれて初めてだった」と書いてありました。少年は刑務所に行きましたが、出所した時、私に電話をくれました。私がかつて二〇〇〇円を差し入れていたことを覚えていて、そのお金を返したいと言ってくれました。また、刑務所に行ってよかったと思っていると言っていました。私は嬉しくて、また泣いてしまいました。人生は、正直なところ環境による部分がとても大きいです。恵まれた環境にいれば恵まれた人生に、苛酷な環境にいれば苛酷な人生になりがちです。彼の人生、おそらくこれからもいろいろなつらいことがあるでしょう。そんな中で、一瞬でも「あの時、あんな大人もいたな。もう少し頑張ってみようか」と思ってもらえることがあったら、私はとても嬉しく思います。

◆瀬戸内海とお城の見える事務所で

私は今、花巻と同じように、県庁所在地ではない場所、香川県丸亀《まるがめ》市というところで働いています。数少ない現存天守閣である丸亀城、瀬戸内海とそこにかかる瀬戸大橋を見渡すことができる、眺めの良い建物の七階で、夫と二人で法律事務所を経営しています。

先に書いたようなマチベンとしてのさまざまな事件のほか、今では、家族や親族同士のトラブルを話し合いで解決する家庭裁判所の家事調停において、当事者双方からお話を聴いて紛争解決のお手伝いをする家事調停委員という仕事などもしています。「明日の自由を守る若手弁護士の会」のメンバーとして、もっと日本国憲法を知ろうという勉強会「憲法カフェ」の講師としての取組みもしています。

また、私には今、小学生と幼稚園児の子どもがいます。卒業アルバムに「舞台女優か弁護士」と書いた頃、自分が結婚や出産をするなんて想像もしていませんでした。もちろん、生まれ育った関東から遠く離れたこの香川県で生活する日がくるなどと思ってもみませんでした。人生というのは本当に不思議なものだと思います。

思うのは、弁護士は、日本中どこにいても(もちろん、日本以外で活躍している弁護士もたくさんいます)、人の人生がよりよい方向に向くお手伝いができる、本当に素敵な職業だということです。

先日、私がかつて弁護人を務めた、重い摂食障害とその合併症としての万引き(窃盗症《せっとうしょう》・クレプトマニア)に苦しんでいたAさん(現在、専門医のもとで入院治療中です)からお手紙をちょうだいしました。手紙には、彼女が描いた、きれいな水彩画の栞《しおり》が同封されていました。とても嬉しかったとともに、弁護士という仕事の素晴らしさを改めて教えてくれたお手紙でした。

最後に、掲載を承諾してくれたAさんからの手紙を引用して、私のお話を終わりにしたいと思います。

……私は、先生とお会いするまで「クレプトマニア」という病気について何も知らず、自分の生きる意味も価値も全て失っていました。犯罪者の私に何故この先生はこんなに普通に会話をしてくれるのだろう。何故こんなに温情をくださるのだろうと困惑する程でした。罪を受け入れ罪と共に死にたいと思っていた私への神様の最後のおくりものかと思いました。……佐藤先生程立派にはなれないかもしれませんが、自分の依存症の回復とともに、人のために何か役に立つ人間になりたいです。……先生に助けられ今を生きる多くの中の一人として、先生の幸せを願っています。

佐藤弁護士の笑顔を心の支えにしているAより(先生の笑顔大好きです！)

おわりに

私は、日本全国の弁護士の集まりである日本弁護士連合会(日弁連)の中で、女性も男性も同じように弁護士として活躍できるようにしたいという「男女共同参画推進」の活動に携わっています。

コラム(「女性法律家ってどれくらいいるの？」)でも書いたように、女性法律家がまだまだ少ないことから、私たちは、女子中学生・高校生やその保護者に法律家の仕事を知ってもらおうというシンポジウムを行っています(二〇一六年・東京、二〇一七年・大阪)。

そのシンポジウムのアンケートの中で、若いみなさんが、法律家に対して「堅苦しい」「厳しい」「自由がきかない」「女性が働きにくい」といったネガティブなイメージを持っていたこと、しかし、私たちが開催したシンポジウムを経て、法律家のイメージが「自由な仕事」「クリエイティブな仕事」「やりがいがある」「女性も活躍している」などと、大きくポジティブに変わっていったことが分かりました。これは、たいへん嬉しい変化でした。

そうなのです。法律家は、本当にやりがいのある素敵な仕事です。男性であっても女性であっても、それぞれが、それぞれの個性を活かして活躍することのできる素晴らしい仕事なのです。シンポジウムに来てくれた学生さんたちだけでなく、もっと広く、男女を含めたたくさんの若い人に法律家の仕事の魅力を知ってもらいたい。法律家に対するイメージを変えてもらいたい。そして、好奇心と熱意にあふれた、たくさんの若いみなさんに法律家を目指してもらいたい。私たちは、そんな思いでこの本を作ることにしました。

もちろん、私たちの仕事は楽しいことばかりではありません。権利や自由を侵害されて傷ついた人々に寄り添っていくことは、時に、とても苦しい作業でもあります。また、「仕事が忙しくて大変！　もう辞めちゃいたい！」と感じることも、これまでに実はありました。それはきっと私だけではなくて、他の弁護士や裁判官、検察官にもあったりするんじゃないかな、と思います。

けれど、この本に原稿を寄せてくださった方々の、熱意に満ちた、生き生きとした文章を読んでいたら、弁護士になりたいと憧れていた時の強い思いや、弁護士になったばかりの頃の緊張感やワクワク感を思い出しました。法律家という仕事の大切さ、やりがいを改めて感じ、やっぱり弁護士になってよかった！　あのとき弁護士になろうと決めた自分の選択に間違いはなかった！　と思いました。そして、弁護士を目指したあの時の自分に恥じないような弁護士になりたい、そう、思いを新たにしました。何だか新しいスタート地点に立ったような、すがすがしい気持ちになりました。

少しでも多くの若い方が、この本を読んで、私が感じたようなワクワク感を抱いてくれたら、法律家の仕事に魅力を感じ、将来の選択肢として興味を持ってくれたら、そう心から願っています。裁判官、検察官、弁護士は、いずれも「司法」を担う重要な立場であるという点において共通しますが、この本を読んでいただけば分かるように、その仕事内容はそれぞれ異なります。また、働き方のスタイルや信条は、法律家一人ひとり、全く違うといっても過言ではないでしょう。

もし、この本を読んで法律家に興味を持ってもらえたら、ぜひ、他の本を読んだり、インターネットで調べたり、実際に法律家に会いにいってみたりしてください。そして、あなたがなりたいと思う法律家の姿、あなたにしかなれない法律家の姿を探してみてください。

次に紹介するＵＲＬもその一助になると思います。

〈裁判所　裁判所職員採用試験〉

http://www.courts.go.jp/saiyo/index2.html

〈検察庁　検事採用情報ホームページ「検事を志す皆さんへ」〉
http://www.moj.go.jp/keiji1/kanbou_kenji_index.html
〈日弁連　「弁護士になろう！」〉
https://www.nichibenren.or.jp/legal_apprentice/lawyer.html

また、たとえ司法の道へ進まなくとも、それぞれの法律家が、どんな思いを持って、どんなふうに働いているのかを垣間見ることで、法律家を少しでも身近に感じていただくことができたら、そして何より、社会の中で司法が担っている役割について、少しでも興味や関心を持っていただけたらと思っています。

この本を手に取ってくださって、本当にありがとうございます。

二〇一八年一月

佐藤倫子

打越さく良

1968年，北海道生まれ．東京大学大学院教育学研究科博士課程中途退学．2000年弁護士登録(第二東京弁護士会)．日弁連「両性の平等」委員，都内の児童相談所の非常勤嘱託弁護士，文京区男女平等参画推進会議委員，女子高生サポートセンターColabo監事を務める．

佐藤倫子

1975年，千葉県生まれ．中央大学法学部法律学科を卒業後，2002年弁護士登録(埼玉弁護士会)．13年香川県丸亀市に田岡・佐藤法律事務所を開所し，現在，同事務所に勤務．現職として，日弁連男女共同参画推進本部事務局次長，香川県労働委員会公益委員，高松家庭裁判所観音寺支部調停委員等を務める．

司法の現場で働きたい！
——弁護士・裁判官・検察官　　岩波ジュニア新書 868

2018年3月20日　第1刷発行

編　者　打越《うちこし》さく良《ら》　佐藤倫子《さとうみちこ》

発行者　岡本 厚

発行所　株式会社 岩波書店
〒101-8002 東京都千代田区一ツ橋 2-5-5
案内 03-5210-4000　営業部 03-5210-4111
ジュニア新書編集部 03-5210-4065
http://www.iwanami.co.jp/

印刷・理想社　カバー・精興社　製本・中永製本

ISBN 978-4-00-500868-1　Printed in Japan

岩波ジュニア新書の発足に際して

きみたち若い世代は人生の出発点に立っています。きみたちの未来は大きな可能性に満ち、陽春の日のようにひかり輝いています。勉学に体力づくりに、明るくはつらつとした日々を送っていることでしょう。

しかしながら、現代の社会は、また、さまざまな矛盾をはらんでいます。営々として築かれた人類の歴史のなかで、幾千億の先達《せんだつ》たちの英知と努力によって、未知が究明され、人類の進歩がもたらされ、大きく文化として蓄積されてきました。にもかかわらず現代は、核戦争による人類絶滅の危機、貧富の差をはじめとするさまざまな人間的不平等、社会と科学の発展が一方においてもたらした環境の破壊、エネルギーや食糧問題の不安等々、来るべき二十一世紀を前にして、解決を迫られているたくさんの大きな課題がひしめいています。現実の世界はきわめて厳しく、人類の平和と発展のためには、きみたちの新しい英知と真摯《しんし》な努力が切実に必要とされています。

きみたちの前途には、こうした人類の明日の運命が託されています。ですから、たとえば現在の学校で生じているささいな「学力」の差、あるいは家庭環境などによる条件の違いにとらわれて、自分の将来を見限ったりはしないでほしいと思います。個々人の能力とか才能は、いつどこで開花するか計り知れないものがありますし、努力と鍛練の積み重ねの上にこそ切り開かれるものですから、簡単に可能性を放棄したり、容易に「現実」と妥協したりすることのないようにと願っています。

わたしたちは、これから人生を歩むきみたちが、生きることのほんとうの意味を問い、大きく明日をひらくことを心から期待して、ここに新たに岩波ジュニア新書を創刊します。現実に立ち向かうために必要とする知性、豊かな感性と想像力を、きみたちが自らのなかに育てるのに役立ててもらえるよう、すぐれた執筆者による適切な話題を、豊富な写真や挿絵とともに書き下ろしで提供します。若い世代の良き話し相手として、このシリーズを注目してください。わたしたちもまた、きみたちの明日に刮目《かつもく》しています。（一九七九年六月）